WILD CHINA

FROM SPLENDED SOUTH CHINA TO THE CLOUD BEYOND THE HORIZON

林乐乐 著

美丽中国

从锦绣华南到云翔天边

北京理工大学出版社

BEIJING INSTITUTE OF TECHNOLOGY PRESS

图书在版编目（CIP）数据

美丽中国．从锦绣华南到云翔天边 / 林乐乐著．-- 北京 ： 北京理工大学出版社，2019.3

（美丽中国三部曲）

ISBN 978-7-5682-6589-8

Ⅰ．①美… Ⅱ．①林… Ⅲ．①中国—概况—通俗读物 Ⅳ．① K92-49

中国版本图书馆 CIP 数据核字（2019）第 001374 号

出版发行 / 北京理工大学出版社有限责任公司

社　　　址 / 北京市海淀区中关村南大街 5 号

邮　　　编 /100081

电　　　话 /（010）68914775（总编室）

　　　　　　（010）82562903（教材售后服务热线）

　　　　　　（010）68948351（其他图书服务热线）

网　　　址 /http：//www.bitpress.com.cn

经　　　销 / 全国各地新华书店

印　　　刷 / 北京彩和坊印刷有限公司

开　　　本 /889 毫米 ×1194 毫米　1/16

印　　　张 /13.75　　　　　　　　　　　　　　　　责任编辑：陈　玉

字　　　数 /288 千字　　　　　　　　　　　　　　　文案编辑：陈　玉

版　　　次 /2019 年 3 月第 1 版第 1 次印刷　　　　　责任校对：周瑞红

定　　　价 /118 .00 元　　　　　　　　　　　　　　责任印制：李志强

目录
contents

我们的探索，从温暖的亚热带地区开始。江水的汇集从湘桂之间的崇山峻岭间开始，一路向南而去。当它流到桂林时，山与水的故事在这里迎来了最负盛名的篇章……

第二章　云翔天边

　　翻滚的云层之下，是中国西南边陲的重要省份——云南。那是一个神秘而又传奇的地方：奔腾不息的河流，世界上最古老的雨林，隐秘幽深的峡谷，古怪而奇特的生灵……让我们一路向南，去探访云南多姿多彩的神奇生物和古老民族。

第一章
锦绣华南

漓江

　　我们的探索，从温暖的亚热带地区开始。漓江是珠江流域的重要水系，千百年来，它在西南山地的群峰间静静流淌。江水的汇集从湘桂之间的崇山峻岭间开始，一路向南而去。当它流到桂林时，山与水的故事在这里迎来了最负盛名的篇章。石灰岩地表在流水的溶蚀下改变了面貌，陡峰挺立，成林成丛。自然力量的鬼斧神工，造就了漓江秀美的山水画廊，漓江的山水像多姿的美人，江作青罗带，山如碧玉簪，一晴一雨，一颦一笑，都引得文人墨客为其唱咏。泛舟江上，舟移景动，应接不暇，至柔的江水成了至刚的雕刻者，用亿万年的光阴，塑出两岸奇峰的姿态万千："马驼狮象不一状，如瓶如塔如金钟。云鬟雾帔降神女，虬髯驼背疑仙翁。起伏倚立各逞态，或断或续江西东"。

　　如果您到过广西，您会发现广西的水和山，无论声名远播者或是名不见经传者，都以各自的神韵诠释着何为大自然的杰作，不逊色于桂林山水者甚多。桂林山水只是广西这幅至美画卷中的一部分，但却是广西知名度最高的地方。

前页：漓江风光。

右图、后页：漓江发源于广西东北部湘桂交界处的越城岭猫儿山，流经的区域降水丰沛，大量降水汇入江中，为下游的桂林提供水源补给。桂林地表有大面积的石灰岩分布，这些岩石受到漓江流水和当地降雨的不断侵蚀，形成了桂林姿态万千的奇峰。（黄富旺 摄）

这里的山水之所以名声在外，富有代表性的自然风光只是原因之一，而漓水和桂林的历史，也功不可没。

水是无孔不入的雕刻大师，从岩石的裂隙中深入，塑造千姿百态的洞穴，是水擅长的手法。水造就了一个"无山不洞"的桂林，这些天然的洞穴，也是远古先民绝佳的栖身之所。宝积岩、庙岩、甑皮岩、大岩等数十处人类遗址的发现，让桂林成了中国洞穴遗址最集中的地区之一。这些从旧石器时代末期延续到新石器时代晚期的遗存，为我们勾勒出了漓江流域远古先民的生活。漓江西岸的宝积山，桂林目前发现的最古老的人类——宝积岩人，曾在这里使用简单的打制石器，过着狩猎的生活。漓江畔的甑皮岩，新石器时代的先民们曾在这里以采集植物、狩猎、捕捞水生生物为生。他们用石、骨、蚌、角做成更加精致的工具，甚至已经知道用泥土和砸碎的石英按一定的比例混合烧制，制作出的器皿能承受蒸煮食物的高温且不易开裂，可以用来烹制河鲜，这是目前发现的最早的陶器雏形。远古先民们以发达的智慧，对环境实现了高度适应。

当漓江流域的先民度过了漫长的史前时代，时光来到两千多年前，生活在这里的众多部族，在中原地区的典籍中被泛称为"百越"。漓水发源之地，东西走向的华南五岭巍峨耸立，群山分隔了长江和珠江水系，也让生活在岭南的百越先民与外界山川阻隔，往来南北的道路艰险异常，崎岖难行。当秦始皇将扩张的矛头指向岭南，这些道路已经满足不了战争的需要。一位名叫"禄"的官员带领秦军士卒，创造性地开辟了一条水路，一条运河连接起湘江、漓江二水。此运河一开通，岭南被迅速收归了帝国的版图，岭南地区与外界的经济文化交流也进入了新的纪元。这条运河，就是大名鼎鼎的灵渠。灵渠这个连通了长江、珠江两大水系的水利创举，经过历代使用和修缮，至今仍发挥着作用。时至唐代，一条连接漓江、柳江二水的运河——相思埭（dài）建成，这条运河又沟通起湘桂水路和柳江水系，使西南地区的交通更加便利："舟楫之便利，惠贾通商，则自灵渠而北，曲赴湖南；自鲢鱼陡（相思埭的一段）而西，直际黔省"。各个水系和运河连接起一条贯通西南诸省的水路要道，在这条西南交通大动脉上，桂林成了一个重要的枢纽。

水上交通的发展，催生了沿途城市的兴起和繁荣，桂林自然不会例外。西汉时，桂林的第一个县治城市始安县在漓水西岸建立，这座城市从此开始了它长达两千多年的发展历程。经过历代的发展，也随着中国历史上文化中心的南移，桂林成了西南地区的一座中心城市，长期作为广西的政治、经济、文化中心而存在，直到民国时期，桂林仍是广西的省会所在。漓水和它一手雕琢出的群山，不仅为建城提供了"包山并江以为固"的天然防御屏障，也为这座城增添了山水相依的美妙图景。藏于自然深处的隐秘美景或许人迹罕至，但桂林这个拥有自然美景的繁华都市，历史上就已经闻名遐迩。

南宋时的桂林，成为静江府的治所。嘉泰年间的一天，静江的地方官员们在这里设下鹿鸣宴，为即将赴京城参加科考的考生们践行。席间一位叫王正功的官员赋诗遣怀，诗句中吟咏桂林的山水胜景："桂林山水甲天下，玉碧罗青意可参"。诗人自己恐怕没有想到，在八百多年后，这句诗的知名度超越了历代文人墨客对桂林山水不计其数的唱诵。"甲天下"这三个字，对于桂林、对于漓江，都已经成为一种无法分割的注脚，被世人广为流传。

黑尾塍鹬

漓江的山水，是中国南方山川的一个缩影。这片广阔的锦绣之地，群山环抱，万水汇聚。水，是南方的一种标志，丰沛的降雨、湿润的气候，将南方塑造成了河湖密布、水网纵横的水乡，也成就了人们心目中的"烟雨江南"。

南方地区星罗棋布的水面，为成群的水鸟提供了栖息的乐园。很多水鸟在长期的进化中形成了迁徙的习性，它们每年在春季和秋季进行两次迁徙，往返于高纬度的繁殖地和低纬度的越冬地之间。鸻（héng）鹬（yù）类就是其中典型的代表。鸻鹬类是水鸟中的大家族，迁徙的足迹遍布世界各地。作为一群涉禽，它们喜欢行走在相对开阔的浅水水域里，以小型水生动物为食。鸻鹬类的体型差别很大，大的体长五六十厘米，小的只有十几厘米。多数鸻鹬类鸟拥有黑色或褐色的斑纹，而到了繁殖季节，一些鸟儿会换上比平时更亮丽的羽毛，这被称为繁殖羽，如在非繁殖季节里呈现黑白色调的黑尾塍（chéng）鹬，到繁殖季节会换上栗红色的繁殖羽。

鸻鹬类中的大部分成员是长距离迁徙的

鸟，每年在繁殖地和越冬地间跋涉成千甚至上万公里。曾有一只斑尾塍鹬被记录到在秋季迁徙中，用8天的时间，不吃不喝不眠，连续不停地飞行了11587公里，从阿拉斯加，飞越太平洋，直飞到了新西兰，创造了鸟类连续飞行距离的最长纪录。尽管拥有惊人的飞行能力，但鸟儿们并非总是像这样不间断地完成整个迁徙过程。更常见的情况是，它们会在迁徙途中，寻找可以停歇的驿站，补充食物、恢复体力，分阶段完成迁徙。从遥远北方的西伯利亚、阿拉斯加，到南半球的澳大利亚，在这条迁徙路线上，中国南方的一系列水域，为长途跋涉的鸟儿们提供了停歇地和越冬地。沿海滩涂和内陆的河湖湿地，是水鸟们常见的停靠和栖息之所。在这些地方，鸻鹬类的群体往往以种类多、数量大而令人瞩目，它们常常聚集成大而密集的鸟群，密密麻麻地铺满觅食地，当整个鸟群飞起时，就像一片乌云在空中飞舞。

黑尾塍鹬就是鸻鹬类迁徙大军中的一员，夏季它们在欧亚大陆北部的高纬度地区繁殖，这其中包括中国北端的黑龙江、内蒙古东部、新疆北部地区；冬季，一部分黑尾塍鹬会在云南、海南等地越冬，而大部分则要飞到南半球的澳大利亚越冬。

在鸻鹬类中，黑尾塍鹬是体型较大的成员，体长有四十多厘米。它们的大长腿和长而直的嘴，无论站立还是飞行时，都格外醒目。塍的意思是田埂，就像这名字一样，黑尾塍鹬常常靠一双长腿行走在沼泽、湿地、农田的水域中，用筷子一般的嘴伸进泥里探寻它们喜爱的昆虫、甲壳类和软体动物。有时，它们甚至将大半头部都埋进泥里，挖掘泥下十几厘米深处的食物。

下图（左）：一群黑尾塍鹬群在长江中下游平原停歇觅食，鸻鹬类在其栖息地往往以庞大的数量令人瞩目。

下图（右）：黑尾塍鹬有一副典型的鸻鹬类外表，身体背侧密布黑、褐色调的斑纹（这是黑尾塍鹬的非繁殖羽），腹侧颜色较浅，腿比较长，适应涉水的生活。

前页：黑尾塍鹬的繁殖羽。

水稻的身世之谜

南方地区温热多雨的环境，不仅为黑尾塍鹬这样的野生动物提供了栖息地，也为水稻这样喜温喜湿的植物提供了理想的生存环境。作为一种古老的农作物，水稻有悠久的栽培历史。区别于野生稻，人工栽培的稻被称作栽培稻。世界范围内的栽培稻有两种：小众党非洲栽培稻，仅在非洲西部有分布；大众党亚洲栽培稻，在全球范围内有广泛种植且品种众多。我们这里要说的，就是亚洲栽培稻。

所有亚洲栽培品种都被划入了两个亚种：籼稻和粳稻。籼稻通常耐热、耐强光，适合在低海拔、低纬度地区种植，米粒较长，比如著名的泰国香米；粳稻则耐寒，适合在高纬度或低纬高海拔地带种植，米粒较短，比如同样著名的东北大米，主要都是粳稻品种。今天我们餐桌上的稻米，经过人类不断的改造，成为世界上约二分之一人口的主要食物。

稻与人类的不解之缘，又是如何开启的呢？一百多年来，众多学者都在寻找这个问题的答案。

籼稻和粳稻这两个亚种的拉丁文学名，直译过来分别是"印度型"和"日本型"。这种命名方法是日本学者加藤茂苞在1928年发表的。尽管最早发现籼稻、粳稻这两大类群的人不是加藤，但他却是最早发表这两个亚种规范的命名方案的研究者。这套方案描述了采自中国的一批水稻品种的样品，把它们分为两种类型，把其中与日本种植的品种同类的，定为日本型，另一种则定为印度型。日本的稻作是由中国传入的，这是很早就有的学界共识。不难看出加藤对"日本型"的命名中包含的民族主义情结，而印度型的命名，则多少反映了早期学界对栽培稻起源的认识。

在以河姆渡遗址为代表的一系列原始稻作

下图：水稻是世界上约二分之一人口的主要食物。

下图：粳稻（左）的稻粒比较短圆，籼稻（右）的稻粒比较细长。

遗迹被发现之前，多数学者倾向于栽培稻起源于印度，苏联学者瓦维洛夫就是持此观点的代表。他认为印度作为稻的生物多样性中心，栽培品种和可驯化的野生稻资源都很丰富，因此印度也应是稻作的起源中心。

与此同时，也有一部分学者支持稻作的起源在中国，近代中国稻作研究的先驱丁颖先生就是该观点的坚定支持者。丁先生结合古典文献的考证、稻的栽培品种和野稻的分布等多方面的研究，提出栽培稻起源于中国华南的观点。他认为中国华南地区有文字记载的稻作历史相当长；而且无论是现代栽培品种，还是已发现的野稻，它们生长的温度、光照条件都与华南地区相似，这应当是现代稻从它们的祖先那里延续下来的生态适应特征。据丁先生考证，中国很早就对栽培稻的两大类群有了认识，汉代成书的《说文解字》中的"秔/粳""穤"就分别是指粳稻、籼稻。因此，丁先生曾经提出过一套以汉语中"籼""粳"两字的音译命名稻二亚种的命名方案。但出于国际植物命名规则的优先原则，这套方案并未被接受。

今天我们知道，生物的进化和传播是一个动态的过程。从现存后代的表型、分布、生长条件等推测祖先的情况并非可靠的方法。瓦维洛夫和丁颖先生的研究，都是有局限性的。

稻从野生植物到栽培植物，它的很多特性发生了变化，这个变化的过程被称为"驯化"。通常这些变化是更加有利于人类的，例如野生稻的稻粒成熟后会自然脱落，栽培稻则不会，这种不落粒的性状通常被看作野生稻驯化的重要标志，这使栽培者方便地收获更多粮食成为可能。

那么，稻的驯化特征是何时出现的？人类又是如何对驯化过程产生影响的？粳稻和籼稻，是由同一种野生稻祖先驯化而来，之后分道扬镳；还是由两种原本就不同的野生稻祖先，分别驯化而来？随着科技的进步，我们可以依靠更多的技术手段解答这些关键问题：考古发现的遗迹可以进行更加可靠的年代测定；分子生物学的迅猛发展，也使新的研究方法成为可能，即通过分析 DNA 中携带的遗传信息，梳理栽培稻的起源和分化过程。

1974 年，浙江余姚河姆渡遗址中发现了距今约七千年的稻作遗存，这在学术界产生了巨大的影响，很多人开始把稻作起源的焦点投向长江下游。其后，更多的原始稻作遗存在更大

左图：这是一幅汉代画像砖的拓片，表现了农作物收获的场景，右下角有两只长腿长嘴的鸟，这是涉禽的形象，说明这很可能是水田中收获水稻的景象，田呈阶梯状，左下角的两个人在梯田中拎拾稻穗，左上方的两个人正挥舞着镰刀一类的工具。

的地域范围内被发现：长江下游的浙江跨湖桥遗址、小黄山遗址，长江中游的湖南彭头山遗址、八十垱遗址、玉蟾岩遗址以及江西仙人洞遗址、吊桶环遗址，黄河流域的河南舞阳贾湖遗址等相继被发现，这些包含稻作遗迹的遗址年代均在大约七千到一万多年前。这表明最迟到大约八千年前，栽培稻已经在中国出现，这也是世界范围内发现的最早的稻作遗存。

当研究者们试图通过考古证据来分析栽培稻的驯化过程时，他们通常将那些从遗址中得到的各个时期（比如 7000 年前、5000 年前，等等）的原始栽培稻样本（比如稻粒），与野生稻和现代栽培稻品种的样本进行比较，稻粒的大小、长宽比、落粒或者不落粒等特征，都是重要的性状指标。通过这些比较，研究者能够大致勾勒出稻在早期驯化中的一些变化脉络，例如原始先民们是否有意识地通过人工选择，获得了越来越大的稻粒？事实上，目前的研究发现，尽管稻的人工种植很早就出现了，但这些稻粒中的驯化性状（如更饱满的稻粒、不落粒的稻粒等等）并不稳定，它们并非从一开始就持续向着越来越优良的方向发展，有些时间段中甚至出现了退化。这说明，原始先民最初只在随机地种植水稻，并没有从一开始就有意识地驯化水稻，或者说，并没有一开始就有意识地选择拥有优良性状的个体种植，如挑选那些籽粒饱满的种子栽种。这种"驯化前种植"的情况持续了一千多年，直到大约六千多年前，情况才有了起色，先民开始有意识地选育水稻，驯化的性状在栽培稻中基本固定下来。

分子遗传学的研究路线则不同，现有的野生种和栽培品种中，携带着来自远古的进化密码。通过分析这些稻家族成员们 DNA 片段中的遗传信息，并比较这些信息在各个成员之间的差异，研究者们能够解释现代栽培稻品种起源于什么样的祖先，稻属中的野生稻与栽培稻有着怎样的家族遗传关系，栽培稻携带的具有驯化特征的基因从何而来，又是如何进入并固定在栽培稻基因组中的。多数研究倾向于，栽培稻的起源，在大约八千多年前的长江流域，这与考古发现表现出了一致性。过去的 DNA 研究发现，控制驯化性状的几个基因，在现代的粳稻和籼稻品种中表现出了相当高的相似性，这说明这些基因很可能有同样的来源，也就是说，稻只经历过一次驯化，这次驯化的产物就是粳稻。后来粳稻传入东南亚、南亚地区，与当地的稻杂交，原始的籼稻就在这个过程中从粳稻那里获得了驯化基因。但最近的一项更大规模的 DNA 研究发现，很可能在粳稻传入印度之前，那里的栽培稻就已经拥有了一些驯化基因，这意味着粳稻和籼稻是分别在中国和印度被各自独立地驯化的。之后粳稻传入印度，与当地的原始籼稻不断发生基因交流，因此现代籼稻品种中才携带了粳稻的基因。

关于水稻身世的故事，目前的故事梗概总结起来就是，栽培稻起源于中国，籼稻与粳稻有不同的起源；稻在中国的驯化较早，这次驯化产生了粳稻；稻在印度的驯化较晚，这次驯化的产物是籼稻。总的来说，我们至今仍不十分清楚栽培稻起源的具体过程，稻属成员间的基因交流很可能是使整个事件变得含混不清的原因之一，我们现在无从知晓这些交流中包含的遗传事件准确的脉络，不过进一步的研究和研究方法的进步，正在帮助我们渐渐接近真相，这个关于水稻身世的故事也许久久不会完结，随着新证据的出现，已有的故事框架也有可能被推翻。寻找真相的道路曲曲折折，但总有一颗好奇心驱使着我们前进，去探索事情的真相。

　　水稻与人类结缘的故事，尽管开篇的章节还有很多情节等待添加，但水稻与人类的相互成全，却使这个故事一直延续至今。人类对水稻的种植，改变了水稻的面貌。而水稻作为养活人类的重要食物之一，也成了孕育文明的力量。接下来的内容中我们将看到，在不同地域中从事稻作的人们，充分利用各自的自然环境，创造出了丰富多彩的稻作文化。

好山好水开好田
——元阳哈尼族梯田

　　水稻这种作物的耕种，使地貌景观发生了改变。在云南南部，哀牢山中的先民们为了种植水稻，在陡峭的山坡上，用简单的工具开垦出了成千上万块不规则的小梯田。

　　云南的梯田，是中国最古老的人造梯田之一。我们的祖先也许没有想到，他们的子孙后代至今还在使用这种传统的耕作方式。这样的人造景观，是中国农耕时代最壮观的工程之一，远远望去，几乎每一寸土地都被用来耕作。

　　"依山麓平旷处，开凿田园，层层相间，远望如画，至山势峻极，蹑坎而登，有石梯蹬，名曰梯田。"这是清代《监安府志·土司志》

中对云南梯田的描述。梯田，是世界各地在山地耕作的农人普遍的选择，而哈尼族梯田把这种耕作方式发挥到了极致。据统计元阳哈尼梯田最多可达三千多级，坡度75°之高，这是世界梯田中绝无仅有的纪录。

哈尼族的祖先们用简单的工具，凭借智慧和毅力一点一点改变了哀牢山的景观面貌，在"地无三尺平"的陡坡上打磨出小梯田镶嵌的画作。这些小梯田的边缘，透露出高超的分割方法，线条沿着等高线分布，既节省人力物力，又最大限度地减小了坡面坡度，让小梯田形成一个水平面，把水围在其中，变成了真正意义上的水田。水田与旱地不同，对田埂平整度的要求很高，更何况是在高山之上的水田，在没有专业测量工具的年代，造田者们用灌水平田

的方法，利用水形成的平面平整田地，就像哈尼族古歌里唱的那样："水田挖出九大摆，田凸田凹认不得，哪个才会认得呢？泉水才会认得清。"

水，是梯田的命脉所在。高山拦截水汽的作用带来了丰沛的降水，而土壤隔水层的存在，使大量的水无法下渗，从而形成了丰富的浅层地表水，和在地表流动的小型水流。这种"山有多高，水有多高"的水土条件，使在山坡上开垦水田成为可能。

水田沿着山脊层叠向上，不同于平原耕种的一马平川，这里耕种的是一个3D立体的水田体系。从河谷地带沿山脊向上，依次分布着河流区、梯田、居住区和森林，河谷低地的常年高温使流经的红河水不断蒸发，加上梯田水

前页：雨季的元阳梯田。

下图：贵州东南部的梯田里，人们在为插秧忙碌。

面巨大的表面积使局部蒸发量增加，大量水蒸气上升到高山森林区遇冷形成终年缭绕的云雾和降水，地表径流被收集输送到居住区，为村民提供日常用水，并将居民区中禽畜产生的天然粪肥冲入下游的梯田。梯田这个人工湿地是很好的净水系统，当这些水流入谷地的河流中时，粪肥等污染物已经被梯田拦截，不会污染自然水体；森林与梯田，又共同发挥着涵养水源、防止水土流失的功能。如此，梯田中就形成了一条良性循环的链条。

要驱动这链条运转，借助自然力量的同时，还需要配套的沟渠网络，一系列沟渠沿着村寨和梯田排布，这些沟渠的位置和分支经过巧妙的安排，能够将用水逐次送向每家每户和每块小田。梯田开到哪里，村寨建到哪里，沟渠就会修到哪里。

为了保证拦蓄的水资源在村寨和梯田中的合理分配，哈尼人创造了设计精巧、行之有效的"木刻分水"制度。他们在质地坚硬、水泡不易腐烂的圆木上凿出凹槽，放在沟渠的分水处充当分水器，控制每条支流的流量，也就控制了水的分配。每家每户、每块田每期的用水分配，由村民们一起商议决定，这之后"木刻"在制作使用中的一切事宜，就交给了村民推选出的"沟长"。关乎全村的生产生活，沟长的责任重大，因此沟长必须德能服众、公正无私，当然还要勤奋干练，因为他们的工作相当繁重，分水木的监制、安装和维修，沟渠的日常巡护、检查和疏浚，发现有人私自挪动或更改分水木时及时处置，维护全村用水的公平和秩序，都是沟长的职责所在。为了鼓励沟长尽职尽责，

也为了补偿他们为公共事务耽误的自家劳作，沟长往往可以得到以稻米折算的丰厚报酬。

沟渠的流量控制功能不仅用于水量的分配，也承担着区域水流调节的作用，每当洪水来临，复杂的沟渠网络与层层铺陈的梯田一起，极大地减缓了水的流速，避免了严重的水土流失。这里山高坡陡，山洪、泥石流等自然灾害曾频繁爆发。如今，哈尼人开田固田、开渠护渠的举动，在一定程度上让狂躁的自然力量变得温柔有度，让山崩地裂的咆哮变成了农耕时代的田园牧歌。

有了田和水，稻作便有了根基，但哈尼人的稻作智慧远不止于此。我们今天常见的粮食作物品种，相比传统品种，产量有了巨大的提升，这在造福人类的同时也带来了一些隐忧：在现代农业中，少数品种的大规模种植是普遍存在的情况，这带来了遗传多样性的丧失，我们正在渐渐失去传统品种中丰富的基因资源，而这些资源，正是我们改造作物品种的资料库。哈尼族的稻作却保留了另一种面貌：他们还在种植的传统稻米品种有百余种之多，可谓是一个珍贵的遗传资源库。

在水田中搞多种经营是南方常见的做法，元阳梯田也不例外。哈尼人在水田中养鱼，以鲤鱼、鲫鱼、江鳅等最为常见。他们在禾苗返青时投入鱼苗，到稻谷收获时恰好放水得鱼。稻田中生长的鱼在稻谷传粉的季节食花粉长大，有"稻花鱼"的美称。稻花鱼并非元阳独有，但稻花鱼争食跃出水面，落入下一级梯田，这种"鱼跳田"的景象，却是梯田中独有的景致。

除了哈尼人种植的水稻和放养的鱼、鸭，

上图：两位哈尼族女性。哈尼族支系众多，服饰也各不相同。这两位女性来自云南红河州元阳县的一个哈尼族支系，年轻女性背孩子所使用的背带，和中年女性身穿的黑、蓝色调的上衣，都是传统的样式。

后页：落日下的哈尼族梯田。

梯田里还有众多其他的动植物在此栖居，哈尼人接纳了它们的存在，使得这里成了生物多样性非常高的人工湿地生态系统。开辟了人工湿地的哈尼人作为这个系统中的一个重要的要素，与其他要素保持着融洽的关系，让梯田延续着勃勃生机，哈尼人也从中获得了回报。哈尼人饮食中的蔬菜有相当一部分来自野菜，蕺菜（俗名鱼腥草、折耳根）、野慈姑、薄荷、水芹等都是常见的盘中餐；水田中的满江红、浮萍是绝佳的饵料和家畜饲料，与满江红共生的蓝藻具有固氮的本领，为稻田提供了良好的绿肥；昆虫、两栖类和鸟类也是稻田中的除害能手。梯田里的稻花、鱼跃、虫鸣、蛙声、鸟语……是梯田的喧闹，陪伴梯田度过千百年时光，也是梯田的宁静，由哈尼人世代守护。

哈尼歌谣唱道："有好山就有好树，有好树就有好水，有好水就开得出好田，有好田就养的出好儿孙。"如果说寨神林、村寨、梯田和河流是哈尼族农耕文化的血肉，那么哈尼人所创造的农耕传奇的灵魂，则是其中处处透露出的人与自然和谐共处的生存智慧。2013年6月，红河哈尼梯田被列入联合国教科文组织《世界遗产名录》，作为农业文化遗产，哈尼梯田历史悠久、沿用至今，物质的梯田和景观、生态系统、种质资源，非物质的农业技术、农耕文化都被继承了下来。借助现代的科学技术，我们对传统农耕中的智慧也有了更深层的认识，不再只停留在经验主义的规律和定性的关

系上，我们了解了更多的内在机制和定量关系。然而依靠传统的农耕技术，能养活的人口毕竟是有限的，更何况高山地区的耕地资源并不充裕，随着社会的变迁，哈尼人也开始面临人口与资源、现代与传统的矛盾，对耕地的刚性需求使这里的生态环境面临前所未有的压力，如何在改善哈尼人生活质量的同时，保护文化和生物多样性，是摆在今人面前的问题，寻求良策需要依靠现代科技，而传统智慧中天人合一的理想，或许就是解决这些问题的终极追求。

哈尼族的岁首在农历十月，过年是庆祝丰收的节日，之后便是冬季的劳作，灌水养田，修整田埂，为来年的春耕蓄势。待到冬尽春来，哈尼人祭祀神林，祭祀祖先，摆开长街宴，迎接一年一度的"昂玛突"——昭示着春天与新生的节日，节日过后，撒苗播种，又一年的春耕便开始了。阳光洒落，照见梯田的静谧；怒云翻滚，映出梯田的雄浑；霞光普照，投射梯田的奔放。梯田是变幻莫测的光影图卷，不变的是哈尼人劳作的身影，祖先的遗产、自然的馈赠，在四季轮转的播种和收获中不断演绎着人与自然共同缔造的农耕传奇。

水满有时观下鹭，草深无处不鸣蛙

元阳的梯田常年灌水，稻田里总不缺小鱼小虾田螺青蛙和各种昆虫，周围还有郁郁葱葱的树林，这是池鹭理想的栖息环境，稻田是绝佳的觅食地点，附近的高大乔木很适合筑巢，繁茂的枝叶有利于它们躲避天敌的视线。

池鹭是分布很广泛的涉禽，华东、华中、华南、西南的稻田、池塘、湖泊、湿地水域，都常见它们的身影。不过，上述的大部分地区，都只作为池鹭夏季的繁殖地。只有云南、广西、广东、福建等省份的南部，才能为池鹭提供适宜常年栖居的气候环境。

非繁殖季节的池鹭一身低调的亚麻色，而繁殖季节的池鹭却拥有一副辨识度极高的外

下图：池鹭的非繁殖羽。

后页：池鹭（繁殖羽）展翅时，露出白色的双翼。

表，让人很难错认。繁殖期的池鹭颈、前胸被亮栗红色的羽毛覆盖，头顶一抹羽冠直达背部，泛着珠光的蓝黑色蓑羽很长，像一袭披风从肩背部一直延伸到尾羽末端，其他部位的羽毛都是白色。撞色的搭配对比鲜明，长羽随着富有节奏性的步态颤动，使池鹭们看起来颇有几分风度。池鹭飞翔时展开雪白的双翅，大色块的白与背部的黑形成扎眼的反差，加上翅膀扇动的频率不高，在山林间款款振翅的池鹭，仿佛一方随风飞舞的丝帕，透着恬淡优雅。

然而池鹭可没有看起来那么悠闲。池鹭们要在两个多月的繁殖期里，完成营巢、产卵、孵卵、育雏一系列艰辛的工作。

雄鸟在发情期求偶，衔来食物献给雌鸟是惯用的伎俩，雌雄鸟常常相伴飞翔嬉戏，这恐怕是繁殖季节仅有的浪漫悠然的时光。求偶成功后，就要开始营巢了。池鹭的巢通常就是在树杈上用树枝搭成个不规则的浅盘状，这种住房条件在鸟类世界里也就是个"板房"的水平。不过对于池鹭来说，这个"板房"能够支撑它们孵卵和养育雏鸟就足够了。况且整个繁殖过程中，一次只会有一只亲鸟（鸟类在孵化和育雏期间，幼鸟的双亲被称作亲鸟）留在巢中。

营巢时，池鹭夫妇或轮流衔枝回巢，或分工合作，一方搬运建材，另一方负责搭建，紧张而有序。营建一个新巢要近一周时间才能竣工，修缮一个旧巢就只需要一两天时间。所以如果有合适的"房源"，使用别的池鹭或者其他鹭类留下的"二手房"也是个不错的选择。池鹭的邻居常常是白鹭、夜鹭、牛背鹭等其他鹭类，它们的混合巢群有时候会有成百甚至上千个巢，然而，繁殖季节的"住房"仍然很紧张，时不时还有"机会主义者"试图来侵占房产，池鹭们必须承担防卫的任务，驱赶入侵者。

池鹭的巢是个"育儿所"，新一代池鹭从卵到离巢前的时期，都在巢里度过。雌鸟每窝通常产下4～6枚卵，每天或隔天一枚，这个过程需要一周左右时间。双亲会一起孵化这些卵，白天轮流出巢觅食，夜间雌鸟留巢孵卵，雄鸟则栖居在巢边的树枝上。雄池鹭是位温柔体贴的伴侣，当大雨袭来，它便会来到巢边为妻子和未出生的小池鹭遮风挡雨。二十多天之后，雏鸟陆续破壳而出，刚出生的雏鸟非常脆弱，烈日和雨水都可能危及生命，亲鸟会展开翅膀庇护小池鹭。轮流觅食饲喂雏鸟是项繁重的工作，随着雏鸟羽翼日丰，需要的庇护渐渐减少，但食量却在一天天增加，最忙碌的时段双亲要在一小时内喂食七八次。在池鹭父母无微不至的关怀下，幼鸟生长到20天，全身羽毛已经长全，一月左右，小池鹭就能飞翔离巢了。

池鹭的繁殖过程通常在4—9月完成，这

下图：元阳梯田里的一只泽陆蛙，泽陆蛙是中国南方常见的蛙类，主要栖息在稻田及其附近。

也恰好是很多蛙类繁殖的时间。交配季节里，当夜幕降临，雄蛙们便开始了古老的求偶仪式，水田中蛙声一片，雄蛙争相鸣叫，以吸引雌蛙的注意。雄蛙发出的鸣声相对于它们的体型来说，真是洪钟大吕般的音量了，这样的大嗓门，得益于它们的声囊，这是一个雄蛙独有而雌蛙不具备的器官。雄蛙发声时，先通过腹壁的肌肉使肺充气膨胀，并关闭口鼻；然后再将肺中的气体排出，进入声囊，这个过程中气流经过喉部，并带动喉头震动发出声音，同时声囊产生共鸣，这种共鸣能将声音放大，传播到更远的距离，这样它们才能成功吸引雌蛙前来交配。蛙类声囊的类型多种多样，声囊的数量、位置等，也是鉴别不同蛙类的一个重要特征。例如有些蛙类只有一个声囊，位于咽下，如泽陆蛙；而有的蛙类则有一对声囊，如黑斑侧褶蛙。

交配季节，稻田里此起彼伏的蛙鸣滚滚袭来，雌蛙怎么决定到底谁才是"如意郎君"？有研究表明，雄蛙发声时鼓起的声囊的形状、颜色等特征，与它们的叫声一样，都是刺激雌性交配的信号，相比单独的声音信号，音画同步的多媒体信号，更能引起雌蛙的兴趣。细心留意蛙的声囊随着叫声时起时伏的样子，让人想起古人说的"蛙鸣如鼓吹"，大自然像是高明的艺术家，去倾听和体会自然的声音和画面，同样能带给人奇妙的视听享受。

然而对于蛙来说，事情可不总是这么美好，太过招摇的举动潜藏着杀机，叫声引来的不一定是伴侣，也有可能是捕食者。稻田里的植物，可以为在水底栖息的蝌蚪提供很好的掩护，但成年的雄蛙就没这么幸运了。它们为了繁衍后代必须冒险呼唤雌蛙来交配，尽管为了躲避捕食者，大部分雄蛙都选择在晚上鸣叫，但池鹭也非等闲之辈，这种毫不留情的猎手，即便是在水田中央，也能凭着坚喙利爪猎捕到食物。总有一些尖舌浮蛙会成为池鹭的腹中餐。不过，捕猎的场面总是很快就结束了，因为每只池鹭一次只能吞下一只青蛙，大多数青蛙还是逃脱

下图（左）：黑斑侧褶蛙是中国最常见的蛙类之一，雄性黑斑侧褶蛙有一对颈侧外声囊，鸣叫时可见两个明显突出的薄膜囊。

下图（右）：元阳梯田中，一只池鹭捕到了一只蛙，繁殖期的池鹭头颈部亮栗色的长羽和背部的蓝黑色蓑羽非常有特点。

了。第二天，它们依旧会在水田中鸣叫。在生态系统没有过多干扰的情况下，群落结构保持着相对稳定，青蛙并不会被赶尽杀绝，食物链上层的池鹭和食物链下层的青蛙都能够维持各自种群的繁衍。等到新一代的池鹭和青蛙长大，稻田里的"猎杀"又将上演。

农耕世业

元阳梯田这样的景观，在中国南部随处可见。这种地貌的形成，都和水稻耕种紧密相关。在群峦叠嶂的贵州省，当地的苗族发展出一种独特的稻米文化。

以梯田稻作闻名的少数民族，哈尼族之外，就要数苗族了。苗族稻田的类型多种多样，并非都如哈尼族梯田那般陡峭，有高坡田，也有山谷田，远望去"高田如楼梯，平田如棋局"。

苗族稻作整田和灌溉也有一套类似哈尼族梯田的办法，平田顺山而不破山，每年加固田埂，防止滑坡；根据山势规划水渠、堰塘，引水入寨、入田，既能灌溉所有田块，又能减缓水流速度，防止水势过大引起的水土流失。耕种是大事，稍有不慎就会直接影响一年的生计，苗族形成了专门的"活路头"制度为农业生产提供保障。做"活"指农业生产劳动，"活路头"则是每村每寨选出的有丰富农业生产经验的人，他们负责带领整个村寨的生产，为每年的播种、插秧、收割等重要耕作环节选择最合适的时机，以保证丰收。传统上"活路头"的职能往往跟一系列祭祀活动和带有迷信色彩的禁忌习惯联系在一起，随着社会的发展，"活

下图：苗族稻田。

路头"制度已经退出了历史舞台，但传统的生产经验仍然保留了下来，如今人们依然会根据对自然物候的观察指导生产。

　　稻作是苗族传统生活的核心，糯米也是苗族饮食的重头戏。苗族人对糯米的喜爱和推重到了无以复加的地步，无论婚丧嫁娶、节日庆典，都必须有糯米的一席之地。糯米在苗族人手中可以变化万千，光糍粑就有几十种，各色糯米饭、糯米酿酒、米汤酿的白酸汤……可谓食不可一日无糯米。苗族节日庆典众多，重要的日子里唯盛装歌舞和美酒美食不可辜负，糯米当然也必不可少。苗年有春糍粑，春社节有社饭，在"姊妹饭"节，姑娘们用五色糯米饭作为信物向心仪的小伙子表达爱意。到了稻米快要收获的季节，还有专属稻米的节日——吃新节，人们用前一年的糯米做成米饭，再加入当年的新禾，祈求稻米的丰收。传统的苗族生活中，人情往来总少不了一份糯米作为礼物，糯米不仅仅是一种重要的主食，它已经成了丰衣足食、美好生活的象征。

下图：牛是传统农业中不可缺少的生产工具。

上图：牛角是苗寨中常见的装饰物。

　　同样被赋予了象征意义的，还有一种动物——牛。牛力大，消耗的草料却不多，饲养成本比骡马等大家畜都要低，加上温顺的性格和良好的耐力，使牛非常适合精耕细作、自给自足的小农家庭。牛作为农耕时代重要的生产资料，也受到了历代官民的重视，宋代农学家陈旉就在其《农书》中说："农者，天下之大本，衣食财用之所处，非牛无以成其事耶"。在苗疆，人们往往通过互帮互助，共同应对不利的自然条件下繁重的生产劳动，耕牛和人工的互借，也成了联络情感、促进团结的一种纽带。一身

下图：将牛粪晒干可以作为燃料。图中苗寨民居的屋顶，是一种富有地域特色的歇山顶，侧面部分镂空，便于通风，同时屋顶伸出很多，防止潲雨进水。

都是宝的牛不仅是水田中的主力，肉质美味，皮可蒙鼓，粪能肥田，晒干的牛粪还可以作为燃料。牛对人们生活有举足轻重的意义，以至于它成了一种图腾，牛角元素作为牛的特征符号，在苗寨中随处可见。每当贵客到来，必定有一道牛角杯盛出的拦门酒；吊脚楼的堂屋里，常供奉或装饰着一对牛角；苗家圣物苗鼓上，或饰牛角，或支牛角架；雷公山腹地苗族姑娘的银饰里，总少不了一副夸张的牛角形头饰。各种形式的牛角元素，传达出苗族人对牛的崇拜，也从一个侧面反映了农耕在苗族人的传统生活中举足轻重的地位。

苗家住山头

苗族人把每一寸肥沃的土地都用来耕种水稻，而将自己的木屋建在了陡峭贫瘠的山坡上。贵州苗族有俗语，"客家住街头，侗家住水头，苗家住山头"。在苗族的传说中，他们是个长期迁徙的民族，不断为了生计和躲避战乱辗转各地，很大一部分苗族人最终进入山区生活。苗寨周围常常"叠嶂重峦，皆是山支，林木幽深，霾翁雾郁"。苗家人倚仗群山作为安全屏障，躲避外界的侵扰；选择在土壤肥沃、有水源的山间开阔地带理水营田；在贫瘠的坡地上背山面水立村建寨，北靠高山，可以阻挡冬季的寒风，南向开阔，可以获得充足的日照，又能迎入夏季的凉风。

想象一下，群山深处，木秀林深，山脚有良田美池，山腰村落，屋舍俨然，吊脚楼顺山势而上，层层叠叠，不拘一格，房前屋后，绿树掩映，小径幽深，小桥横陈，溪流蜿蜒；楼中美人，中髻玄衣，斜倚栏杆，崇山峻岭、稻田阡陌、梁间燕子、鸡犬之声，皆入视听……这番世外桃源般的景致，就是典型的黔东南苗寨的样子。

苗族建寨，布局并无定制，依地势条件灵活多变，吊脚楼的建造顺应山势，整个村寨合理巧妙地利用着空间，生长成千姿百态的格局：有的鳞次栉比，层层叠叠；有的各抱地势，钩心斗角；有的疏密张弛，错落有致。苗族的吊脚楼用一半落地、一半悬空的"半干栏"式结构，适应变化多端的山间地势，缓坡筑台吊脚，陡壁出挑悬空，也有临水挑廊，也有半悬山巅。这种制式不需要大量破土平地，节省人力物力的同时，也避免了对环境的破坏。

吊脚楼的基础常以石砌成，吊脚长短不一，底层空间的封闭或全或半，用作畜禽笼舍或储物空间。中层是居住空间，室内与室外连接的过渡空间常常悬挑在外，这是充分体现主人想象力的部分，或正屋退堂成半开放的敞厅，或大挑檐下设檐廊，或曲廊出挑绕正面一直到山面，再配以各样偏厦和朴素大方的木雕装饰，使每座吊脚楼都各不相同。正屋敞厅的檐下设置可坐倚的栏杆，有个美称叫"美人靠"，凭栏观景，可将群山尽收眼底。整个敞厅是开放的起居空间，家人夏日纳凉、女人们在一起习练刺绣、青年男女谈情说爱等等，都在这个区域进行。居住层之上是常用来储存粮食或作客房的空间，西南地区气候湿热，需要在檐下两

后页：苗家住山头。　（李贵云 摄）

上图：贵州东南苗寨，吊脚楼的分布格局顺应山势。

山开洞以保证通风，为避免淋雨进水，无论悬山顶还是歇山顶，屋顶常伸出山墙很多，这也是西南民居的一大特色。

　　石质的基座，原木色屋身，小青瓦盖顶，自然古朴的色彩，简洁灵动的线条，这一座座吊脚楼散发着与苗族人的质朴、活泼、坚韧如出一辙的气质，又与周围原生态的环境浑然一体。苗寨吊脚楼是活的建筑，如山间的花鸟虫鱼一样鲜活，与苗岭中人们的生活一样生动。

　　清晨，当山中晨雾渐渐散去，林鸟在枝头欢唱，古老的苗寨从睡梦中醒来，炊烟升起，牧童上山，牯牛入田，稻田间回响起悠扬的苗歌，人们开始为又一年的稻作而忙碌 ……

下图：苗族吊脚楼依山傍水，鳞次栉比，层叠而上。

春风燕子回，
沟塍劝早耕

　　春天是播种的季节，今年的收成决定来年的生活，所以选择好播种的时间非常关键。理想的播种时间取决于这一年的气候，但气候往往难以预测，不过农人们有自己的判断方法。

　　"燕子来时新社，梨花落后清明"，燕来燕去、花开花落自有自己的节律，进化赋予了生物敏锐地感知环境变化，并在最合适的时机触发相应生命活动的能力，这种能力，成了人类掌握自然规律的好帮手。在没有温度测定工具的古代，自然物候是对季节交替、气候变化最直观的标识，古人在长期的观察和生产实践中总结出了物候历，指导耕种渔猎。

　　燕子就是典型的与季节变化联系在一起的动物，古人很早就观察到燕子春来秋去。《左传·昭公十七年》中，郯子向鲁昭公讲述自己的祖先少昊氏以鸟名作为官名的事情时说，"玄鸟氏，司分者也"，燕子（玄鸟）被用来命名掌管春分、秋分的官职。遍布江南塞北的燕子既是文人墨客笔下感春怀秋的寄托，也是山野村夫眼中报告农时的使者。

　　燕子大概是中国古代诗歌中最常见的意象之一，提到燕子的诗文不计其数，但专门写燕子的著述，恐怕只有清代的《燕子春秋》了。《燕子春秋》的作者郝懿行是清代著名的训诂学者，这个人生活在考据之风盛行的乾嘉时代，他本人也长于考据，治学严谨，著作等身。在他极

高的经学造诣之外，郝懿行对自然界有着非常浓厚的兴趣，"遇草木虫鱼有弗知者必询其名，详察其形，考之古书，以证其然否"，在他的著作中，既有对《尔雅》《山海经》这类具有古代博物性质的著作的考据，也有很多趣味盎然、有自然科学意味的作品，比如他写农学的《宝训》、写养蜂的《蜂衙小记》、记录海洋生物的《海错》和写燕类的《燕子春秋》。这位广览多读、学识渊博且善于观察、小心求证的学者，从某种意义上说，是位博物学家。《燕子春秋》中，郝懿行非常详细地描述了观察到的燕子的外形和它们在迁徙、觅食、繁殖过程中的行为，如燕子的形态、颜色、叫声、飞行姿态，燕巢的形状，雌鸟何时产卵、产多少卵，雏燕生长过程中形态和行为的变化，等等。直到现在，这些特征仍然是我们观察研究鸟类行为习性的重要内容。

中国的燕科鸟类有4属十几种，而其中最常见的，是家燕和金腰燕。繁殖季节，家燕几乎遍布全国，金腰燕的足迹也占据了整个东部。家燕在每年2—3月间从东南亚、印度、澳大利亚等越冬地回到繁殖地。金腰燕则稍晚，常在每年4月返回；到每年9—10月间，它们

右图（上）：家燕背面钢蓝色，腹面近白色，喉部红色，胸前有一条蓝色的胸带。

右图（中）：金腰燕的背部有一条浅栗色的环带，这是它们名字中"金腰"两字的由来。

右图（下）（两张）：衔泥筑巢的金腰燕。

后页：一群栖息在树枝上的燕子，其中包括了家燕、金腰燕和毛脚燕。

又启程向南迁徙。

　　家燕和金腰燕，两种燕子相貌有些相似，但也不难辨识。钢蓝色的上体和剪形的长尾是它们共同的标志性特征。家燕的体型比金腰燕略大，红色的喉部下面有一条深蓝色的胸带，白色的腹部与其他部位颜色对比鲜明。金腰燕的腰背部有一条浅栗色环带，这也是它名字的由来，搭配上后颈的同色领环，相得益彰；胸腹白底色上缀满黑色纵纹。燕子飞速并不很快，但很灵活，飞无定向，可以在空中捕食飞虫，常常振翅几次后展翅滑翔，姿态轻盈优雅。

　　返回繁殖地的任务，当然是"结婚生子"。刚回到繁殖地的燕子常常成双入对，形影不离，时时刻刻都在秀恩爱，正如李白所写，"双燕复双燕，双飞令人羡"，在中国人心目中，双宿双飞的燕子已经成了美好爱情的象征。在苗疆，燕子同样被赋予了美好的象征意义。苗族人相信，成双的燕子终身相伴，它们的到来，能给婚姻带来幸福和美满，能给家庭带来好运。

　　热恋过后，燕子情侣们一起衔泥营巢。燕子的巢通常建在人类的建筑物上，它们已经适应了这种与人为伴的生活。建巢的材料是泥丸混合干草根茎之类的纤维，以唾液黏合。因为它们的巢不像鹭类那么简易，建新巢实在是个庞大的工程，所以家燕和金腰燕都更喜欢修补旧巢使用。少则十天，多则一月，巢就可以入住了。巢通常开口向南，以便于采光和通风。金腰燕的巢很精致，像贴在附着面上的半个瓶子，肚大，口却很窄。家燕的巢相对粗糙些，是开放型的，像半个大口的碗。巢从外面看凹凸不平，但内侧要平整的多，巢内还垫了松软

的羽毛、干草等物，舒适宜居。少数家燕的巢有"两居室"，一个是雌鸟产卵育雏的母婴室，另一个可供雄鸟栖息；但大多数雄鸟就没有这种待遇了，它们要在巢外过夜。

　　雌燕产下4～6枚卵，孵化半月左右，雏鸟破壳而出。燕子是晚成鸟，刚孵化的雏鸟身体裸露，腿足无力，眼睛还不能睁开。燕巢底端是封闭的，刚开始的几天，亲鸟需要将雏鸟的粪便衔出巢外，几天之后雏鸟行动渐渐有力，能够转身向巢外排泄。双亲轮流喂食，风雨无阻，两只亲鸟每天要奔波一两百次，才能满足雏鸟的食量。燕子的食谱几乎全由昆虫组成，很大一部分是农林害虫，因此，人们认为燕子是吉祥的鸟，欣然为它们提供栖居之所。

　　二十多天后，雏鸟就可以飞翔了，这时候一双燕子父母会带着雏鸟们上飞行课，示范过后，雏鸟在它们父母的护卫下出巢练习新技能。下课回家时，小金腰燕刚开始往往很难一次就飞入小小的巢口，不过只需经过几次练习，它们就能灵活出入了。五六天的时间里，雏鸟白天随它们父母出巢觅食，晚上回巢过夜。有的燕子父母不再繁殖第二次，便举家迁往野外生活。有的雌鸟会再产下一窝卵，第一批幼鸟便离开其父母独自闯荡野外，而第二批出生的雏鸟，往往刚能独立，就要与它们父母一起加入南迁的队伍了。

白鹭忽飞来，
点破秧针绿

苗族人相信，燕子的到来预示着播种季节的来临。当燕子们为修补巢穴而忙碌时，苗家人也开始为插秧做准备了。首先要把苗床中的秧苗拔起来，捆成捆儿，运送到位于更高山坡上的水田。每一家人插秧，热心的邻居们都会来帮忙，苗寨中一直保持着这种互助的传统。众擎易举，很快水田中就插满了秧苗。

刚插完秧苗的稻田，是蝌蚪、鱼，还有昆虫的乐园，而白鹭正需要用它们来喂养幼鸟。

下图（上）：稻田里食物丰富，是白鹭理想的觅食地。

下图（下）：育雏中的白鹭，这个用树枝草秆堆成的浅盘就是白鹭的巢，白鹭雏鸟是晚成鸟，刚出生时裸露无毛，不久后长出绒羽。

后页：展翅的白鹭。

白鹭是为数不多的可以直接依赖稻田而生存的野生鸟类。只要它们的栖息地不被破坏，它们就可以无忧无虑地生活。

一身白羽，亭亭玉立的白鹭备受历代诗人的宠爱，成就了"两个黄鹂鸣翠柳，一行白鹭上青天""西塞山前白鹭飞，桃花流水鳜鱼肥""漠漠水田飞白鹭，阴阴夏木啭黄鹂"等广为流传的名篇。白鹭，曾经是江南乡野田间常见的风景，修长的身形，款款飞动的姿态，在返青的稻田间格外显眼。这些在古代诗人笔下随处可见的鸟，如今却并不那么常见了。城市的发展带来的土地利用格局的巨大改变，使鸟类的栖息地不断缩小，庆幸的是自20世纪末开始，各地陆续建起的鹭类保护地，为这些美丽的鸟儿撑起了一把把"保护伞"。

说起与白鹭有关的城市，不可不提厦门。这座城市自古就被称为"鹭岛"，尽管这个名字的由来不一定与此处多鹭有关，但厦门是鹭类重要的栖息地确是事实。1860年，英国外交官和鸟类学家史温侯在厦门观察到了如今已经是濒危物种的黄嘴白鹭，并把它命名为中国白鹭。由于生物分类中把一个物种首次发现、描述并发表的标本叫作模式标本，厦门因此成了黄嘴白鹭的模式标本产地。20世纪80年代，由于环境污染和栖息地的萎缩，"鹭岛"曾一度难觅鹭鸟的踪影。20世纪90年代，经过官方和民间的不懈努力，鹭类栖息地的环境污染得到了治理，建立起厦门大屿岛白鹭自然保护区，渐渐地，久违的鹭鸟又回到厦门。每年数万只鹭鸟在这个城市栖居，鹭的身影，已经成为厦门人生活的一部分——筼筜湖的碧波倒

映着翩翩起舞的白鹭，这画面已经成为这个城市的代言。

鹭类自 20 世纪 70 年代就被国外学者作为评价环境变化情况的指标，一个地区的环境能不能为鹭类提供筑巢、觅食的条件，决定了鹭鸟会不会在这里出现、会出现多少。梧桐自能引凤栖，重庆白市驿镇三多桥的一片竹木林，就得到了大批鹭鸟的青睐。这里的茂林修竹、大片农田为鹭鸟提供了适宜的栖息之所。1996 年起，这里的鹭类开始增多，到 1998 年上万只鹭鸟云集于此的景象引起了广泛的关注，也促成了白鹭保护区的建立和生态旅游的发展。当地为吸引鹭类前来曾采取了退耕还林、人工投食等措施，数万只鹭鸟跃动林间的壮观景象吸引了大量游客慕名而来。观鸟旅游带动了当地的农家乐产业，红火的生意增加了当地村民的收入。对于野生动植物保护而言，保护地居民的保护意识和意愿是至关重要的，人的生存发展与生物保护之间如果存在矛盾，很容易引起当地居民对动物保护的反对，保护将举步维艰，这一直是动物保护事业中的一个难题。在三多桥，村民原本就有朴素的保护鹭鸟的意识，因鹭鸟而产生的经济效益，无疑增加了他们保护鸟类的意愿。

三多桥的鹭科鸟类，以白鹭、牛背鹭 、夜鹭、池鹭最为多见。白鹭在繁殖季最有标志性的特征，就是后颈上的两根细长的装饰羽，像极了古代

右图：黄色的脚和黑色的喙，是白鹭区别于其他相似的白色鹭的特征。后颈两根细长的饰羽，这是白鹭繁殖羽的标志之一。这只白鹭嘴衔树枝，应为筑巢之用。

男子巾冠上垂下的飘带。长可过尾的蓑羽覆盖胸背，白鹭求偶时不时抖动蓑羽，像新娘展示着自己的婚纱。再加上常常弓起的 S 型长颈，振翅时有如风吹云动的姿态，赋予白鹭一种"幽姿闲自媚"的气质，既潇洒飘逸，又温婉娇媚。

牛背鹭的非繁殖羽是纯白的，与白鹭有些相似，而繁殖季的牛背鹭又是另一种画风，白色的身体搭配橙色的头颈和蓑羽，头顶和后颈的毛呈发状，有的牛背鹭这一特征特别明显，就像染成橙色的"杀马特"发型。牛背鹭这个名字，来自它们常常被目击站在牛等动物的身

下图（上）：育雏的白鹭，胸背部的蓑状羽是白鹭繁殖季节的特征之一。

下图（下）：夜鹭的繁殖羽。

后页：牛背鹭的繁殖羽。

上，找食皮毛间的虫类，就像牧童骑在牛背上，所以牛背鹭还有个"放牛郎"的别名。牛背鹭的颈不及白鹭长，曲线也没有那么明显，身形相对更粗壮，但还是保留了比较修长的身材。夜鹭就不一样了，夜鹭的身材属于鹭中的短胖形，没有细长的颈，显得头大而体壮。夜鹭的头顶和背黑色，颈背上两条细细的丝状白羽很有辨识度，翅和尾灰色，颈和胸腹白色，要不是黄色的腿和鲜红色的眼睛，一张黑白照片就能拍出本来相貌。

没有哪一种鹭能独享三多桥这片栖息地，这些生活习性相似的鹭，共同生活在一个混合群体里，它们之间也难免会有领地和食物的竞争。在自然界，这种竞争可能会推动物种向两个方向发展：竞争力弱的物种被淘汰出局或者不同的物种向着利用不同资源的趋势分化，降低竞争的激烈程度，达成一种互利的平衡。三多桥的鹭类之间就是后一种关系，它们保持着微妙的默契，实现资源的共享。每年天气转暖的时候，繁殖季节到来，几种鹭的育雏期非常相近，如果所有的雏鸟都在几乎同样的时间达到食量高峰期，那将是一场争夺食物的激烈厮杀。但鹭鸟们之间有错峰繁殖的"君子协定"，它们在不同的时间到达这里，相继进入繁殖期——夜鹭最早，大约一周之后是白鹭，再过几周牛背鹭和池鹭也开始繁殖。早迁来的鸟往往会占据最好的位置筑巢，不过晚到也有晚到的好处，当牛背鹭营巢时，早出生的白鹭雏鸟已经长大，留下的旧巢就周转给了牛背鹭。在喂养雏鸟这项工作上，鹭鸟们很有一套缓和矛盾的办法，吃什么、什么时候吃是这套办法的

精髓所在。关于吃什么，可能是因为中等身材的白鹭和夜鹭，拥有比较大的嘴，鱼类、蛙类是它们共同的最爱。不过没关系，觅食可以轮班，白鹭在白天活动，夜鹭则在晨昏和夜间。小型身材的牛背鹭和池鹭食性比较广泛，昆虫是它们食谱中的重要部分，而牛背鹭和池鹭的繁殖季节，也与昆虫大量繁殖的时间十分吻合。牛背鹭和池鹭也有不同的觅食时间，池鹭在晨昏最活跃，中午休息，而牛背鹭在阳光最好的上午到下午间活动。整个繁殖期中，先来的鹭等雏鸟长成，就可以离开农田附近这片食物丰盛但拥挤的"繁殖中心"，把资源留给后到的鹭。如上文所说的这种物种在生态系统中占据的时、空位置，以及它们与其他物种间的功能关系，生态学中称之为生态位，鹭鸟间的这种现象，就是一种典型的生态位分化。

三多桥是小型保护地的一个缩影。一方面，不同于动辄几百上千平方公里的大型保护区，这类几公顷的小型保护区面积小，但数量可以很多，这些像生态岛屿一样的小区域分布在鸟类往来南北的线路上，成为鸟类迁徙的驿站。另一方面，通过鸟类景观的吸引力带动生态旅游发展，也是保护鸟类栖息地，尤其是湿地类型生态系统的一种重要模式。

中国南方喀斯特

在中国的西南地区，山脉呈锥形，山峰的形状就像一个个窝头，各个区域都被干涸的山谷分隔开来，这就是典型的喀斯特地貌。喀斯特这个词最早是斯洛文尼亚一片石灰岩高原的名字，后来被用来泛指水对可溶性岩石的化学溶蚀和物理侵蚀，以及由此形成的地貌。喀斯特显然是个音译词，1966 年，因为众所周知的原因，中国开始用"岩溶"一词来代替喀斯特；但"岩溶"一词的广泛使用并没有持续很长时间，如今喀斯特依然是主流。有些音译词，能表达出意译所不能表达的复杂含义，比如"厄尔尼诺"和"喀斯特"。考虑一下喀斯特一词的含义，就不难发现"岩溶"这个词不足以表达喀斯特的全部内涵。喀斯特意指地下水、地表水对地壳中可溶性岩石的破坏和改造，既包括溶蚀和沉淀这样的化学过程，也包括机械侵蚀和沉积、重力崩塌和堆积这样的物理过程，既包括上述这些地质作用的过程，也包括这些地质作用的结果，即由此形成的地表和地下的形态，如峰林、峰丛、天坑、落水洞、地下河，等等，绝不单单是"岩溶"一词所表达的化学溶蚀作用。

中国西南地区，称得上是一座喀斯特博物馆。贵州、云南、广西、重庆等地，是喀斯特地貌的集中区域。这片区域从云贵高原到广西盆地，由东向西横跨七百多公里，逐渐降下两千多米的海拔落差，五十多万平方公里的喀斯特面积，拥有举世无双的喀斯特地貌多样性。由云南石林、贵州荔波、重庆武隆、广西桂林、贵州施秉、重庆金佛山和广西环江 7 个具有代表性的地貌组成的"中国南方喀斯特"，已被联合国教科文组织收入《世界遗产名录》。它

后页：广西桂林的喀斯特地貌。

们代表着不同类型的喀斯特地貌，系统地讲述了中国南方喀斯特数亿年来的"发育"故事，从不同的角度书写着喀斯特的绝美。

重庆金佛山的山体并不是通常人们心目中山的形象，它虽然海拔两千多米，但山顶非常平缓，山顶的部分上，高达 200～300 米的两级石灰岩陡崖延伸将近 60 公里，如切削般直立，就像一面围墙，将山顶整个围圈了起来，远望去山顶就像一张不规则的圆桌。金佛山这种独特的地貌形态，并非传统的峰丛、峰林等传统地貌术语能够概括的，于是学者们赋予了它一个形象的名字——喀斯特"桌山"。金佛山的"桌山"，作为这种地貌的典型代表，在世界范围内都极为少见。每到晴天傍晚，山崖在烈日斜晖中闪耀着金色的光晕，整个山体如一尊金身卧佛，宏伟壮丽，"金佛"两字即由此而来。

重庆的武隆喀斯特，以巨型的天生桥和天坑著称。喀斯特地貌中，水与岩石呈现出各种各样的形态，其中一些形态早已被大众所熟知，例如石林、地下河、峰林、峰丛，等等；而天坑，则是随着近几年国内外天坑的发现和探索，逐渐被人们知晓。天坑是中国人发明的一个术语，它的英文也直接用了汉语音译 tiankeng。天坑是所有的喀斯特形态中规模最大的一种，它由地表向下凹陷，坑四周的岩石壁立，深度在百米以上，坑底部或口部的面积大约一千到十万平方米，蔚为壮观。天坑的形成有两种方式：一种是由于地下水的侵蚀，上层的岩石不断崩塌，最终形成塌陷型天坑；另一种是地表水不

右图：贵州荔波喀斯特小七孔景区，喀斯特原始森林。

断向下侵蚀，最终形成冲蚀型天坑。武隆著名的箐口天坑群，就是冲蚀型天坑的典型代表，这座由五个天坑套叠组合的天坑群，是十分罕见的冲蚀型天坑群。

贵州施秉喀斯特的独特之处在于，它是在白云岩上发育的喀斯特地貌。世界上绝大多数喀斯特地貌都是在石灰岩上发育的，石灰岩与白云岩都是碳酸盐岩，不同的是石灰岩的主要成分是碳酸钙，白云岩中同时含有碳酸钙和碳酸镁。这种成分的差异使两种岩石耐流水侵蚀的能力不同，即石灰岩更容易被水流溶蚀，而白云岩更加难溶。因此，流水作用形成相似的喀斯特地貌，在白云岩上的发育需要经历更加漫长的过程。施秉的白云岩喀斯特古老而完整，是世所罕见的热带、亚热带白云岩喀斯特最典型的范例。

广西环江和相邻的贵州荔波两个自然遗产地，是锥状喀斯特的模式地。这里的锥状山峰连绵起伏，层层叠叠，密密麻麻的山头被一片浓绿覆盖，仿佛一片浪涛翻滚的绿色海洋。更加难得的是，两地共同保存了一片完好的喀斯特森林，这片森林很好地保持了原始的状态，拥有相对稳定的生态系统，是地球上同纬度地区保留下来的面积最大的一片喀斯特森林系统。由于生长在含钙丰富的喀斯特石山环境之中，这里的很多植物表现出了石生、喜钙等独特的习性：无孔不入的树根在山石缝隙间穿行，有时破石而入，有时绕石而行，盘根错节，纠

右图：重庆武隆羊水河峡谷中的天生桥。

后页：云南石林喀斯特地貌。（李贵云 摄）

上图：中国人喜欢奇石，还给很多石头起了形象的名字，猜猜这个叫什么？

右图：重庆武隆龙水峡地缝景区的喀斯特地貌。

缠不清，想尽一切办法扎住自己的脚跟，展现着强大的生命力量。

　　而云南石林，又是另一番景象。石林是典型的剑状喀斯特，石灰岩在雨水中慢慢溶解，千百年过后，雨水侵蚀到了岩床的核心，将岩体雕刻成根根石柱，如林的石柱耸立于旷野，极富视觉冲击力。裸露的岩石峥嵘嶙峋，透着一种棱角分明的挺拔和肃穆，凛然不可犯。自然有妙法，这些石头千姿百态，像什么的都有，笋芽竹树，亭台楼阁，蟹腿鳌足，鹰隼伫立，虎踞狼蹲，神鬼相搏……

上图：大自然界的鬼斧神工，造就了石林这个闻名世界的旅游景点，每年接待游客近两百万人次。（李贵云 摄）

洞穴探险

在喀斯特地貌地区，除了这些呈现眼前的奇观，还有成千上万处神秘的洞穴深藏地下。至今对于这些神秘地下世界的探索，才刚刚开始。

"由山以上五六里，有穴窈然，入之甚寒，问其深，则其好游者不能穷也，谓之后洞。余与四人拥火以入，入之愈深，其进愈难，而其见愈奇。有怠而欲出者，曰：'不出，火且尽。'遂与之俱出。……余亦悔其随之而不得极夫游之乐也。"

——宋·王安石《游褒禅山记》

这是宋代王安石记录的他跟友人们的一次"探洞"经历。当石灰岩山体中的岩石裂隙不断因为流水的溶蚀扩大，大到能容得下人进入，就成了洞穴。洞穴里是一个充满未知的世界，总能吸引充满好奇心的冒险者去一探究竟。

中国对洞穴的探索有着悠久的历史，王安石这类游人当然不能算是真正意义上的探洞，但我们有一位旷世奇才——徐霞客。徐霞客生活的时代，探洞装备估计比王安石那时候好不了多少，他游记中记录的探洞"工具"无非绳子、梯子、手、脚而已，当然遇到暗河时他也乘木筏。靠这样简陋的工具，他却有"闻洞必寻、得洞必进、有洞必探"的作风，这种探索精神让人不得不敬佩。当然徐霞客不仅仅是个像王

右图：贵州织金洞。

上图：洞穴探险者沿着一条地下河进入洞穴。

安石一样的普通游人，他对洞穴的探索，具有严肃的学术目的。据说徐霞客步行如风，在桂林仅一个半月，就探索了六十多个洞穴，他在游记中记录过的洞穴达三百多个。现今很多探索中国洞穴的探险者，开玩笑说自己行走在徐霞客走过的路线上。徐霞客在游记中对洞穴的形态、结构、水文、生物、内部气候等都有描述，甚至观察到了洞内岩石受水流侵蚀出现的不同形态。观察和记录只是探索的一部分，徐霞客有着更深层次的研究，他对很多地质现象成因的分析，是符合我们今天的科学认知的。从这个意义上说，徐霞客是中国的"洞穴之父"。可惜的是，他的"学问"在他那个时代并不为时人所重视，他就像他所探索过的一些"孤峰"一样，伟岸但孤独。

系统的洞穴探索起源于国外，世界公认的"洞穴之父"是位法国人，叫爱德华 - 阿尔弗莱德·马特尔。他一生探洞无数，洞穴探险的流行和洞穴学作为一门科学的出现，他都功不可没。洞穴探索，一方面是出于科学研究的需要，洞穴的科学测量和描绘都有一套世界统一的标准，探洞者们有时还肩负着洞穴中的地质、水文、生物、考古等多方面的考察任务。但对洞穴探险者来说，最大的吸引力可能还是来自探索本身。探洞可以说是一种非常规的体验，"洞中方一日，洞外已千年"，暗无天日的洞穴中，人会失去时间概念，不知道前方会通向哪里，也不知道途中会遇到什么。洞穴中的路常常崎岖难行，有时直上直下，有时窄小异常，有时洞穴中渗透下来的水流，将岩石冲刷得越来越深，形成地下河谷，岩石中比较松软的石灰岩，被水流冲刷后形成陡峭的河道，这让洞穴中水流湍急，非常危险。探索洞穴意味着向极限挑战，探洞对人的体能、技巧、耐心和毅

下图：探洞队员在通过绳降下到洞穴底部，这种被称为SRT（单绳技术）的技术是洞穴探险中必须熟练掌握的技能之一，通过SRT的一套技术方法，探险者可以在一根绳索上实现上升和下降，除洞穴探险外，这种技术也在攀岩、登山等领域中被广泛使用。

力都是巨大的考验。王安石似乎因为他那次"探洞"未遂而非常懊悔，然而事实上，探洞不是一日之功，中途折返的情况很常见。一个大型洞穴的探索，往往需要一个甚至几个团队花费几年甚至几十年的时间。有时候，探险者们会带上帐篷、生活必需品和各种设备，在洞穴中一连探索几天甚至十几天。但当遇到无法前进的地形，或者给养不足时，就像王安石团队那种"不出，火且尽"的情况，放弃探索也是明智的选择。贵州遵义的双河洞就是个典型的例子，这个洞穴从第一次被中法联合探洞团队探索至今，已经过去了三十多年。随着不断有新的路径被探明，这条洞穴的长度也在逐年刷新。2018年，双河洞的探明长度刷新到了238.48千米，成了目前亚洲第一，世界第六长的洞穴。

对于探洞者来说，探洞的过程又是其乐无穷的。虽然我们并不知道王安石所说的"入之愈深，其见愈奇"是如何奇绝的景象，但在喀斯特洞穴中，的确不缺波谲云诡的景象：有高大雄伟的洞厅，有幽暗狭窄的缝隙；有洞上叠洞，犹如楼阁；有支洞错杂，宛若迷宫；有河

下图：遇到地下暗河，探洞队员们需要划船行进。

上图：洞穴中形态各异的钟乳石。钟乳石是石灰岩中的碳酸钙溶解于水后，经过千万年的滴流而逐渐形成的。

流急如奔马，有水潭静如处子；有长达数丈的石柱，也有玲珑剔透的晶簇；有石钟乳悬垂而下，有石笋拔地而起，笋、乳姿态万千，如簪如螺，如伞如盖，如栉如齿，如帘如瀑；更有长相奇特的洞穴生物，沉睡千百万年的古生物化石……总有新的惊喜在等着探险者。探索洞穴就像是一次穿越时空的旅行，流淌了无数个世纪的雨滴，凝固洞穴中的美景。沧海桑田的巨变，都藏在这些石头的一点点增长和消溶中。

在中国，1978年改革开放之后，随着生活水平的提高，中国的洞穴探险逐渐发展起来，年轻的探险者越来越多。尤其是近几年，随着大量洞穴被作为旅游资源开发出来，越来越多的人开始了解到洞穴探险这项户外运动。中国可能是世界上洞穴资源最丰富的国家，而已经被探明的洞穴，可能不过是其中的九牛一毛，探索人员仍在不断发现新的地下奇观。

随着探洞的开展，越来越多的洞穴成了旅游观光的景点。天然洞穴经过数百万甚至上千万年的演化，洞中化学变化所处的水热、酸碱等条件都处在动态的稳定之中，洞穴中进化出的独特生物，也在这种极少有外界干扰的环境下形成了一种生态平衡。洞穴中的大兴土木、高光高热的人工照明，不加限制的游客量，都会对洞内已有的稳态造成不可逆的破坏。现在更有大量的钟乳石被作为观赏品流入市场，这些钟乳石形成需要几百万年，而毁掉只需要一瞬间。这些都是洞穴开发中需要解决的问题，合理适度地开发洞穴，才是长久之策。

右图：桂林芦笛岩地下湖。

洞穴盲鱼

1986 年，在云南省宜良县的一处石灰岩洞穴中，一种身体半透明、眼睛高度退化的鱼首次被发现，这是一个新的洞穴物种，被定名为无眼金线鲃（bā）。此后这个属中不断有新物种被发现，目前已经有六十多种，物种名录仍在持续更新中。这个属所有的物种都是洞穴鱼，它所在的鲤形目，更是占据了目前已经发现的典型洞穴鱼类的半壁江山。由于生境的特化，所有的洞穴鱼类都是特有种，金线鲃属自然也是中国的特有属，目前发现的所有金线鲃都生活在广西、云南、贵州的洞穴中。

洞穴中的小空间是生物进化的一个缩影，长期在黑暗的洞穴环境中生活，无眼金线鲃产生了对环境的适应性改变。洞穴里没有光，眼睛自然是没有必要了。因为没有紫外线伤害内脏，体表的颜色和鳞片也不再是必需的结构。不用眼睛，无眼金线鲃就要用别的方式感知周围的动静——发达的感觉器官必不可少，它们的触须加长，侧线系统更加发达，头背部发展出了额外的感觉线，它们依靠这些感觉器官在无光的环境中觅食和寻找伴侣。这些特征，也为典型的洞穴鱼类所共有。

洞穴中的黑暗环境使植物难以生存，但动物种类却非常丰富，从细菌到哺乳动物的所有门类都能在洞穴生物中找到，如软体动物（蜗牛）、节肢动物（虾、马陆、蜘蛛、灶马）、鱼类（金线鲃）、两栖动物（蝾螈）、哺乳动物（蝙蝠），等等。这些生物在洞穴中形成了一个完整的食物链，而食物链中的能量，全部来自外界水流的带入。

我们现在已经知道的物种，也许只是地球上生物的冰山一角。在人类难以踏足的隐秘世界，不断有新的物种被发现，洞穴正是新物种大发现的一大阵地。因为南方地区分布着丰富的喀斯特洞穴，中国可能是世界上洞穴生物种类最多的国家。这些洞穴生物往往在很小的范围内进化，分布也只限于某个或某几个有联系的洞穴的范围内，比如无眼金线鲃，只在其被

下图（上）：长期在黑暗的环境中生活，无眼金线鲃的眼睛已经退化。

下图（下）：无眼金线鲃。

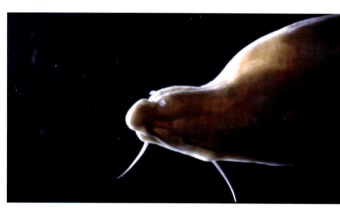

发现的洞穴中有分布。因此这些物种也相当脆弱，一旦它们独特的栖息环境遭到破坏，这些物种也会随之消失。而很多洞穴生物，甚至可能还没有被人类发现，就已经因为洞穴环境的破坏而灭绝了。对于任何生物来说，栖息地环境的整体保护，都是最有效的保护方式，保护好一个特定的栖息环境，不仅仅能庇护某个单独的物种，更能为一系列适应这种生存环境的物种撑起一把保护伞。

黑叶猴的绝壁生涯

起源于岩洞中的这些河流，是中国西南部喀斯特地貌区域赖以生存的水源。在贵州省麻阳河自然保护区内陡峭的峡谷中，有一处野生动物聚居地。这里生活着世界上最珍惜的灵长类动物之一——黑叶猴。

黑叶猴是亚洲特有的灵长类动物，它们拥有独树一帜的面孔和独特的生存环境。它们是一群岩栖者，生活在热带和亚热带丛林茂密的喀斯特石山中，将险峻的山势当作天然的庇护所，练就高超的攀爬技能，在陡峭山石间闪转腾挪。

成年的黑叶猴体型纤细，长长的尾巴非常显眼。通体黑色，只有两颊有两道白毛，好似两撇胡须，最有特点的是它们头顶高高竖起的毛冠，天生一顶莫西干发型。刚出生的小黑叶猴是金黄色的，有个俗名叫"黄仔"，三周大的幼崽体色从尾巴开始渐渐变黑，到一岁大时就拥有了成体的颜色。

同很多灵长类一样，黑叶猴是群居动物。群体以家庭为单位，通常包含几个到十几个个体，群体里只有一只成年雄性，群体中的所有成年雌性都是它的"后宫佳丽"，科学家们也把这种群体组成形式叫作"后宫型"。黑叶猴群体是母系社会，在猴群迁移时，雌性承担着领导者的角色。群体中的幼崽会得到整个大家庭的呵护，雌性幼崽成年后仍然留在群体中，因此群体中的所有雌性之间都有密切的血缘关系。这也奠定了黑叶猴群体内部的基调——友好合作多于威胁冲突。但雄性幼崽则会被视为成年雄性潜在的威胁，在性成熟之前就会被驱逐。离开群体的雄性或者单独流浪，或者加入全由雄性组成的群体。这些"散兵游勇"常常在家族猴群周围游荡，寻找留下自己后代的机会，这往往有两种方式可以实现。一种是伺机向猴群中的雄性发起挑战，打败它就能取而代

后页：一只雌性黑叶猴带着幼崽，小黑叶猴毛色金黄，俗名"黄仔"。（王志忠 摄）

下图：黑叶猴两颊有两道白毛。

之，获得与群体中所有雌性的交配权。这种易位往往会给群体中的幼崽带来杀身之祸，这种"杀婴"行为在非人灵长类动物中普遍存在。关于为什么会有这种行为，最流行的解释是，雄性之间的繁殖竞争非常激烈，每个雄性在繁殖群中的任期可能非常短，因此雄性总是希望能尽快与群中的雌性交配。但哺乳期的雌性是不会发情的，只有幼崽死亡时，才会再次开始发情交配。因此杀死与自己没有血缘关系的幼崽，是有利于新任雄性的繁殖的。繁殖群外的雄猴另一种延续自己基因的方式，就是背着群内的雄性与雌性偷欢。而母猴们也绝非"贞节烈女"，它们也有自己的算盘。猴王轮流坐，但"孩子"都是它们自己的，多与外来的雄性"联姻"，多少能降低自己的幼崽被杀的概率。正是这些行为的存在，保证了黑叶猴后代的基因多样性。

黑叶猴名字里的"叶"字，表明了它们的食性，黑叶猴是食叶专家。植物是它们主要的食物，叶、茎、花、果实种子甚至树皮都在它们的食谱中。万物生长的雨季，黑叶猴非常容易获得鲜嫩的茎叶和花，不大的活动范围就能满足其需求；到了旱季，果实成为其主要的食物来源，它们需要扩大搜寻范围才行。这些天生的攀岩高手，能在最险峻的山岩间攀爬觅食。有经验的成年猴子知道，什么季节，在什么地方才能找到足够的食物。为了适应植食生活，黑叶猴进化出了特化的胃，它们的胃里有分隔，功能类似牛等偶蹄目动物的复胃，有的胃室中有能够分解纤维素的细菌，帮助消化吃进去的植物。

上图：黑叶猴是食叶专家，植物是它们主要的食物。

猴群在白天觅食和活动，晚上，为了躲避天敌，它们爬到其他动物难以进入的洞穴中过夜。冬天，它们会进入洞穴中更深的地方，那里的温度要相对高一些。每天清晨出洞和夜晚归洞时，雄猴首领都会在最前面探查，确定没有危险，整个猴群再跟随前进。黑叶猴在与天敌的长期相处中，形成了这种警惕的习性。曾经，豹、蟒蛇和老虎时常出没在黑叶猴栖息的森林中，不过现在，几乎没有什么猛兽能够威胁到黑叶猴了。

上午和下午是黑叶猴觅食的时间，在树枝间穿梭觅食的猴群很少下树，幼猴会攀在母猴身上。猴群常轮流到附近的河流喝水，有些地方的猴群还有舔舐岩石的习惯，通常的猜测是，这是为了获取其中的矿物质。中午是猴群的"午休"时间，幼猴依在母猴身上休息，亚成体的小猴互相嬉戏打斗。互相梳理毛发是必不可少的环节，猴子们也会自己梳毛，但互相梳毛时，会更集中在自己梳理不到的头、后背和肛周。这种互相梳毛的行为在非人灵长类动物中普遍存在，这既是出于卫生的需要，也是群体生活

中的黏合剂。

　　野生黑叶猴主要分布在中国和越南，数量非常稀少，不超过两千只。在中国，黑叶猴分布在广西、贵州、四川、重庆等省，贵州的麻阳河自然保护区内栖息着约五百只黑叶猴，这是世界上最大的黑叶猴群体。中国历史上，黑叶猴曾被认为具有药用功效，而遭到大量捕杀制成"乌猿酒"，随着动物保护观念的普及，这种情况已经少见。黑叶猴虽然比它的近亲白头叶猴分布广泛得多，但两者都因为人类活动和森林的消失，而被分割在一块块孤立的栖息地中。这种情况被称作生境破碎化，这也是黑叶猴目前面临的主要威胁，原本相连的大片栖息地被农田开垦和人工建筑等割裂，这阻断了黑叶猴在食物不足时的迁移，也大大降低了不同群体黑叶猴之间基因交流的可能。破碎的栖息地，有更多与人类活动区域相接的边缘，既带来了更多的人类干扰，也增加了野生动物和人类之间发生冲突的可能。尽管过度开发、栖息地环境破坏、人猴冲突等问题仍尚待解决，

下图：黑叶猴是群居动物，群体成员之间有丰富的社交行为。

上图：黑叶猴是典型的树栖灵长类动物，在树枝间灵活地攀爬跳跃，长长的尾巴能帮助其保持平衡。

前页：黑叶猴的拇指退化成一个疣状，这是黑叶猴所在的疣猴亚科的共同特征。（王志忠　摄）

但保护野生黑叶猴的努力一直没有停止。黑叶猴被列为国家一级保护动物，目前有二十多个保护区中有黑叶猴栖息，这些黑叶猴得到了较好的保护。梧州黑叶猴珍稀动物繁殖中心已有三百多只人工繁殖的黑叶猴个体，其中有些是来自不同栖息地黑叶猴的杂交后代。2017年底，一个由5只黑叶猴组成的家庭群体，在广西大明山自然保护区被放归野外，它们在野外的生存状况也会被持续跟踪。这个备受瞩目的家庭，承载着黑叶猴保护的新希望。

最后的"穴居部落"

　　利用山洞作庇护之地的不只有猴子，在史前时代，洞穴也是人类躲避猛兽和遮风挡雨的天然居所。但对见惯了高楼大厦的现代人来说，恐怕很难想象，今天仍然有人保持着"穴居"

这种生活方式。

在贵州南部的紫云苗族布依族自治县水塘镇，一条叫格凸河的河流途径一片苍翠的石山时，原本在地表流淌的河水流入山体上的一个洞穴之中，河流由此潜入地下，成为一段暗河。在这片石山上，格凸河伏流的入口并不是唯一一个洞穴，在它的上方，还有一大一小两个洞口。三个洞穴中位置居中的较小洞穴被称为中洞，中洞有两百多米深、一百多米宽、约五十米高。就在中洞里，居住着一个苗族村落——中洞苗寨。寨中一共有 18 户人家，据说他们的祖上是在解放初为躲避匪患而搬到洞穴中居住的。洞口附近通风采光良好，因此洞中的房屋大都建在接近洞口的位置。洞穴有天然的遮挡，洞中气候又冬暖夏凉，所以这里的房屋都"家徒四壁"，即木结构的房屋框架上都没有屋顶，只四壁用木板或竹板围圈起来。洞穴顶部有天然渗水，这些渗水被洞中的村民们收集起来作为饮用水。村民们的田地在离洞口不远的山坡上，除了种田外，畜养禽畜、纺纱织布、碾磨粮食等生产活动都能在这个庞大的洞穴中进行。村民们过着自给自足的生活，但

下图：中洞苗寨。

生活很清贫，一年的收成甚至很难满足温饱。洞中曾经还有一座小学，学校拥有 6 个教室，能容纳 200 名学生，不过这座学校已经在 2009 年搬出了山洞。

由于地处偏远，中洞苗寨的村民长期以来过着几乎与世隔绝的生活。直到 20 世纪 90 年代，媒体对这里进行了报道，才让这个洞穴中的苗寨进入外界的视野。在扶贫志愿者和慈善人士等外界的帮助下，中洞逐渐有了生活用电和通信设施，村民们也用上了电灯、电扇、电视等家用电器。由于人们把中洞苗寨称作"最后的穴居部落"，一些猎奇的观光客慕名而来，想一睹"穴居部落"的真容。2000 年前后，当地政府为了帮助中洞苗寨脱贫，曾在山下为村民们修建了安置住房，希望他们不再"穴居"，但因村民们不愿搬出洞穴，搬迁只得作罢。后来紫云苗族布依族自治县开发旅游业，以"穴居部落"为卖点为村民带来旅游收入，成为中洞苗寨扶贫的新思路。格凸河流域独具特色的喀斯特洞穴景观和苗族风情是吸引游客的主要资源，中洞苗寨也成为整个格凸河景区的一个景点，一些村民开始接待来到洞中的游客，做起了农家乐生意。

中洞苗寨的生活环境常被外界用"恶劣"这样的词来形容，这种"穴居"的生活方式也被视为奇异的、原始的，甚至落后的。但如果把穴居这种居住方式放在当地特定的环境中，就会发现其中包含着当地人为了生存而对环境做出的适应。贵州是喀斯特"发育"强烈的地区，地形崎岖，地表多裸露的岩石，土壤层很薄，适合耕种的田地很少。借用天然的洞穴居

住，就不需要占用宝贵的耕地，让更多的耕地用来耕种，就意味着能养活更多的人。洞穴中有天然的"天花板"，温度相对稳定，冬暖夏凉，房屋可以很简易，因此也就节省了冬季取暖、夏季降温和房屋建造的成本。事实上，在紫云苗族布依族自治县所在的麻山地区，历史悠久的"穴居"是一种世代相传的习俗，当地苗族祖祖辈辈居于洞穴，过着自给自足、与世无争的生活；人们死后也葬于洞穴，留下了众多的崖洞葬和悬棺葬遗存。进入 21 世纪以后，麻山地区仍有两三百人分散居住在洞穴之中，中洞苗寨是其中规模最大的聚落；还有很多人虽然不再常年居住于洞穴，但仍会因为冬夏季节躲避寒暑等原因，进入洞穴中短住。洞穴自身的优点，和当地人对洞穴生活的文化认同，正是中洞苗寨的村民不愿搬出洞穴的原因之一。另一个原因，则来自搬迁安置存在的问题：尽管有政府提供的住房，但住进新房的村民们，将远离自己的田地，又没有其他的收入来源，这意味着他们的生活恐怕更加没有保障。

在中洞苗寨作为旅游资源被开发后，村民的生活有了起色。但不得不说，来到中洞的游客往往是出于对"穴居部落"的猎奇心理。然而随着媒体报道的减少，"穴居部落"这个话题热度的降低，中洞的游客也会随之减少。事实上，这正是现实中中洞旅游所经历的变化。与此同时，随着旅游业的开展，中洞与外界联系变得紧密，洞穴中的人们开始了解外面的世界，也被外界的繁华所吸引。一些年轻人离开中洞，选择了与祖辈们不同的生活方式。在这些年轻人身上，不难看到中洞苗寨正在经历的一次巨大的改变。

燕子洞

在中洞苗寨，洞穴不仅仅是住所，它甚至是人们的一种生计来源。世世代代的村民，都会到中洞下方的一个巨大洞穴中收集肥料，洞内的地面上覆盖着厚厚的一层粪便，往往十分

上图：位于贵州省紫云苗族布依族自治县的格凸河大穿洞景区，三个洞穴中，中间较小的洞穴，即中洞苗寨居住的中洞，下方状如拱门的洞穴，即燕子洞，也就是格凸河流入的洞口。

钟就能装满一箩筐。这种上等的天然有机肥料，来源于栖息在山洞顶部的数十万只白腰雨燕。

白腰雨燕，是雨燕科的成员，这个科的鸟外表上与家燕和金腰燕很像，但亲缘关系比较远，事实上，雨燕与蜂鸟的亲缘关系更近。与家燕和金腰燕相比，雨燕的翅膀更窄更长。白

腰雨燕的尾呈剪刀状，飞行中有时会展开呈扇形。它们身体的大部分地方是灰褐色，背部接近尾的地方有一条带状的白色区域，它们名字中的"白腰"就来源于此。

雨燕科的鸟有个共同的特点，翅膀强大但脚很弱小，这个科的拉丁文学名 Apodidae 的本意就是指"没有脚的"。雨燕的脚弱小到什么程度呢？它们的脚不能支撑它们站立、跳跃和起飞，它们只能攀援在立面上。如果它们不慎掉落，很难自己站起来。虽然不善行走，但雨燕却是鸟类中的飞行模范。雨燕不但跻身飞行时速度最快的鸟类，而且可以长时间飞行，甚至有证据显示，除了孵化期间，它们可以一直飞行而不落地。这意味着它们所有的事情都可以边飞边完成。除了飞行的同时捉虫子吃（这个技能家燕和金腰燕也可以），它们还可以一边飞一边睡觉，甚至，在空中交配。栖息在燕子洞中的白腰雨燕每年在中国生活两百天左右，冬季南迁到澳大利亚越冬，它们很有可能一飞出洞就根本停不下来，直到再回来孵卵，才会再次停靠在岩壁上。每年的繁殖季过后，新出生的雨燕与它们父母一起南迁时，成群的雨燕飞出洞口，犹如乌云翻滚，遮天蔽日，令人叹为观止。这里可能是中国最大的雨燕聚集地了。这个洞穴也因此得名"燕子洞"。

像惠水燕子洞这种野生燕类栖居的天然洞穴，中国目前已知的有十多处。尽管这种超大种群看起来数量众多，但是一旦它们的栖息环

右图：白腰雨燕的尾呈剪刀状，背部接近尾的地方有一条带状的白色区域，它们名字中的"白腰"，即来源于此。

境遭到破坏，数量的下降速度也极快。因此，只有保护洞穴周围的天然环境，控制人类干扰的强度，这个难得的种群才能长期稳定地生存下去。

食鱼的蝙蝠

雨燕在黑暗中无法看见东西，所以为了不迷失方向，这些栖居在岩穴中的雨燕从不会去没有光线的地方。生活在洞穴深处的蝙蝠就不同了，它们完全不受光线的限制，能够利用超声波确定自己在黑暗中的位置。2002年，中科院动物所张树义教授课题组的马杰博士，正在研究他们在北京房山的一个洞穴中捕捉到的一种蝙蝠，正是这项研究，让大足鼠耳蝠进入了大众的视线。这种蝙蝠的独特之处在于它的食性，它是一种食鱼的蝙蝠，是目前已知的中国唯一一种食鱼蝙蝠。

在哺乳动物中，翼手目是仅次于啮齿目的第二大家族，翼手目动物，即我们俗称的蝙蝠。翼手目的学名Chiroptera来自古希腊语中"手"一词cheir和"翅膀"一词pteron的结合。蝙蝠的前肢指骨延长，指间覆盖着皮质的翼膜，像鸟的翅膀一样可以飞行，因此被称为翼手。凭着一双"翼手"，蝙蝠成为哺乳动物中唯一真正能飞行的类群。蝙蝠家族被分为两个大的类群，即大蝙蝠亚目和小蝙蝠亚目。大蝙蝠亚目仅有狐蝠科一个成员，种类仅占整个蝙蝠家族的不足六分之一。这个亚目的蝙蝠体型大，头部长的有些像狐狸，因而得名狐蝠。它们生活在旧大陆的热带、亚热带地区，主要以植物的果实为食，因而也被俗称为果蝠。蝙蝠家族的大多数成员属于小蝙蝠亚目，这个亚目的蝙蝠体型小，大多以昆虫为食，也有少数吸血为生，或者捕食小型两栖类、啮齿类、鱼类等。全球范围内食鱼的蝙蝠屈指可数，大足鼠耳蝠即是其中之一。

大足鼠耳蝠最早在1869年被德国博物学者威廉·彼得斯描述并命名，彼得斯为这种蝙蝠命名所依据的标本很可能来自中国，但是他将标本的产地错误地记录成了乌拉圭，导致人们误认为这是一种美洲的蝙蝠，与来自中国的大足鼠耳蝠是不同的物种，因此导致了这种蝙蝠被重复命名。20世纪30年代，美国动物学家格罗弗·艾伦通过研究标本记录纠正了这个错误，统一了大足鼠耳蝠的命名。这种蝙蝠身体结构的鲜明特征，是艾伦鉴定这一物种的重要依据，它的后足异常大，几乎与胫骨等长，这意味着这种动物的脚几乎和小腿一样长；另外它们的翼膜与胫骨结合的位置很高，这在其他蝙蝠中也是不多见的。这些引人注目的特征让艾伦做出猜测：这是一种食鱼的蝙蝠，它们的"大足"和足上的利爪，可能是用来捕鱼的；

后页：小蝙蝠亚目的蝙蝠体型小，大多以昆虫为食。图为小蝙蝠亚目的大鼠耳蝠，鼠耳蝠属的成员耳朵长大于宽，状如鼠耳，因而得名"鼠耳蝠"，大鼠耳蝠是该属中体型最大的一种，体长7厘米左右。大足鼠耳蝠也是该属的成员，它最突出的特征是巨大的后足，图中的大鼠耳蝠后足长度大约为胫骨长的一半，但大足鼠耳蝠的后足几乎等长于胫骨。

翼膜与胫骨结合于较高的位置，可能是为了减小与水接触时的飞行阻力。艾伦希望通过检查蝙蝠标本的胃内容物，从中找出鱼类残渣的痕迹，以证实自己的猜测。不过遗憾的是，艾伦手上的蝙蝠标本胃中空空如也，他的猜测并没有得到证实。

其后的六十多年，大足鼠耳蝠是否真的食鱼一直是一桩悬案。直到 2000 年前后，关于大足鼠耳蝠食鱼的证据陆续被研究者们发现。1998 年冬季，研究人员在老挝中部捕捉到大足鼠耳蝠，他们观察了两只大足鼠耳蝠的粪便，发现其中鱼鳞占据了 97% 的体积。1999 年，研究人员检查了香港的 14 只大足鼠耳蝠的粪便，发现其中 59% 是鱼类残余物。2002 年，马杰博士在房山捕捉到了大足鼠耳蝠，发现它们的粪便中同样有鱼类残余物，证实了大足鼠耳蝠确实能吃鱼。那么这种蝙蝠究竟是如何捕鱼的？为了弄清这个问题，研究团队在房山搭建了一个人工水池，在水池中投放了小型鱼类，夜幕降临后，池中的小鱼吸引了大足鼠耳蝠来到水面捕猎。这种蝙蝠捕鱼的过程在眨眼间完成，借助高速摄影机，马杰记录下了大足鼠耳蝠捕鱼的过程。几年之后，《美丽中国》摄制组也正是用了同样的方式，拍摄到了大足鼠耳蝠在

左图：蝙蝠的前肢进化成翼手，使它们成为哺乳动物中唯一真正能飞行的类群。大蝙蝠亚目的成员通常体型较大，头部似狐，大都以植物果实为食，被称为狐蝠或果蝠。图为大蝙蝠亚目的大狐蝠，大狐蝠是世界上体型最大的蝙蝠之一，翼展可以超过 1.5 米。大眼睛、长长的吻部、无尾，是这种蝙蝠突出的形态特征。

上图（上）：在水面飞行觅食的大足鼠耳蝠。

上图（下）：大足鼠耳蝠享用猎物的方式是倒挂在树上，从鱼头开始食用。

水面捕鱼的瞬间：大足鼠耳蝠利用超声波定位猎物，它们能探测到露出水面的小鱼，或者小鱼游动时引起的水面波动，锁定目标之后，大足鼠耳蝠以迅雷不及掩耳之势掠过水面，伸出利爪抓住猎物，振翅而去，在水面留下一道水花。得手之后，大足鼠耳蝠倒挂在树上，从鱼头开始享用自己的猎物。

随着研究的深入，研究者们发现了与大足鼠耳蝠食鱼习性相关的更多细节，揭示了这种蝙蝠的生理特征与行为习性之间的相互适应。大足鼠耳蝠喜欢栖息在潮湿温暖的山洞中，山洞周围常有开阔平静的水域。房山的大足鼠耳蝠吃的绝大多数鱼都是宽鳍鱲，这是一种体形较小的鱼类，体长只有几厘米，这样的体型刚好

能够被大足鼠耳蝠的大足捕捉。研究人员发现宽鳍鱲经常跃出水面，很容易被大足鼠耳蝠的超声波探测到，这可能是这种鱼被大足鼠耳蝠大量捕捉的另一个原因。除了吃鱼，大足鼠耳蝠还捕食昆虫，在不同的季节，它们的食物组成会发生变化。在房山，6月中旬到8月中旬昆虫大量出现，昆虫在大足鼠耳蝠食物中的比例明显升高；10月到次年4月，昆虫较少，大足鼠耳蝠主要吃鱼。这种食物组成的变化，表现出大足鼠耳蝠对食物资源季节变化的一种适应。刚才提到的老挝的大足鼠耳蝠研究中，冬季粪便中鱼类所占比例高达97%，很可能也与这种适应有关。

在蝙蝠中，果蝠是一群素食的蝙蝠，大都没有回声定位的能力；而小蝙蝠亚目的蝙蝠大都以昆虫或其他动物为食，能够发出超声波进行回声定位，帮助捕食。不同的蝙蝠采用的捕食方式多种多样：有些蝙蝠在或复杂（比如茂密的植被内部）或开阔（比如植被上方的空中）的环境中，边飞行边扑击空中的飞虫；有些蝙蝠倒挂在一个栖居点（比如树枝）上，等待猎物经过；有些蝙蝠在离水面或其他表面很近的上空飞行，用后足抓取猎物。最后的这种捕食方式被称为拖网式捕食，大足鼠耳蝠就属于这种。采取不同方式捕食的蝙蝠，拥有不同的身体结构和回声定位模式与之适应。

对于大足鼠耳蝠来说，除了刚才提到的大足、利爪，以及翼膜与胫骨的结合点高，它们还有一系列与拖网式捕鱼相适应的形态特征。它们的足底光滑少毛，这能够减少足入水时的阻力。蝙蝠依赖翼飞行，翼的大小和形状，与

蝙蝠的飞行能力紧密相关。翼的面积越大，扇动双翼能提供的飞行动力也越强。形状狭长的翼，通常能更有效地借助空气动力飞行，在飞行中消耗更少的能量，飞行更高效。蝙蝠体重与翼面积的比值被称为翼载，翼载描述了蝙蝠单位翼面积上所承受的压力，通常蝙蝠的翼载越大，飞行速度越快，但飞行的灵活性越低。拥有宽阔的翼和较低翼载的蝙蝠，适合在复杂的环境中，慢速但灵活地飞行，捕捉空中的猎物；拥有狭长的翼和较高翼载的蝙蝠，适合在开阔的环境中快速飞行捕食，但飞行灵活性较低，不适合捕捉小型猎物。大足鼠耳蝠的翼面积比较大，能提供较强的飞行动力，使得大足鼠耳蝠能够抓着鱼这样的重型猎物飞行。大足鼠耳蝠拥有狭长的翼和中等的翼载，这让它们既有一定的飞行速度，也有一定的灵活性，能够保证它们既能在开阔的水面捕鱼，也能在有植被的地方捕食昆虫；狭长的翼也意味着大足鼠耳蝠能高效地飞行，这有利于它们大范围搜索食物，比如在宽阔的水面搜寻鱼类。

依靠回声定位系统，蝙蝠能够在黑暗的夜间活动和捕食，不同的捕食方式需要不同的回声定位模式。蝙蝠通过嘴或鼻将喉部产生的超声波发射出去，这些声波在传播过程中遇到障碍物时，就会被反射回来，通过接收和分析这些反射波，蝙蝠能够判断障碍物的距离、形状、材质和运动情况等，以此来获得周围环境和猎物的信息，这就是蝙蝠的回声定位。蝙蝠发出的回声定位声波是脉冲式的，也就是不连续的，波与波之间有明显的间隔。回声定位声波的脉冲时程（即一个脉冲持续的时间）、声脉冲之间的间隔、声波的频率等，都是蝙蝠回声定位声波的重要特征。

蝙蝠之所以要发出脉冲式声波，是为了防止发出的声波与反射回来的声波重叠，否则这两种波相互干扰，蝙蝠将无法获得有效的信息。脉冲时程的长短，与蝙蝠离探测目标的距离有关，当目标较远时，声波返回较迟，即使时程较长也不会引起声波叠加；而当目标较近时，需要更短的时程才能避免声波叠加。由于蝙蝠无法在发出声波的同时接收反射回的声波，在发出一个新的声波前，蝙蝠会停止接收前一个反射回来的波。如此一来，脉冲间隔的时间必须至少能让声波在蝙蝠和探测目标之间往返一次，蝙蝠才能获得目标物体的信息。因此脉冲间隔的长短，决定了脉冲声波能够探测的最远距离。

众所周知，声波的频率越高，波长越短。不同波长的声波，适合探测不同大小的物体。当目标物体的大小比回声定位声波的波长小时，目标物体反射回的声波会比较弱；反之如果物体的大小比声波波长大，回声会比较强；而当物体大小与声波波长相近时，回声最强，此时的波长，也就是蝙蝠探测的最佳波长。另外，不同频率的声波适合探测不同距离的物体。因为声波在空气中传播时会有衰减，声波的频率越高，衰减越快，能在空气中传播的距离也越短。因此，高频的声波适合探测较小的、近距离的物体，低频声波则适合较大、远距离的物体。但对于蝙蝠来说，周围环境中的物体总是千变万化的，不可能总以固定的大小和距离存在。蝙蝠能够通过调频和谐波来应对这个问题。当蝙蝠发出的一个脉冲信号中声波频率并非恒定不变，而是在一个频率范围内从高频到低频连续变化，这就是一种调频信号。当一个脉冲信号中包含了几个频率范围不同的波，就像音乐中的和声，那么这就是谐波。通过调频和谐波，蝙蝠能够更加精确地分辨和定位周围的物体。回声定位声波频率范围较宽、谐波较多的蝙蝠，更适合在复杂的环境中捕食。但蝙蝠的回声定位信号中，并不只有调频波，也有恒频波。恒频信号也有它的优势，它适合探测目标的运动特征，比如停栖在固定位置等待猎物的蝙蝠，利用这种信号探测猎物靠近或远离的情况；以飞虫为食的蝙蝠也通过这种信号探测猎物的翅膀振动。

大足鼠耳蝠的回声定位模式，与它们的捕食习性相适应。它们回声定位信号的脉冲时程中等，脉冲间隔时间较长，这种信号适合在宽阔的环境（比如开阔的水面）中搜寻猎物。当接近猎物时，它们在单位时间内发射信号的次数急剧增加，密集的信号可以获得更多有关猎物的信息，以保证捕猎的成功；与此同时脉冲时程也相应地缩短，以避免发出的声波与回声重叠。大足鼠耳蝠的回声定位信号属于调频型，频率比较低，频率范围中等，谐波比较少，这样的信号适合在不复杂的环境中（比如平静而非湍急的水面）大范围搜索体型比较大的猎物（比如鱼类），这也是大足鼠耳蝠通常选择在有开阔平静水域的栖息地中生活的原因。关于蝙蝠是如何进化出食鱼的习性的，目前还不得而知，有研究者猜测，食鱼蝙蝠是由拖网式捕鱼的食虫蝙蝠进化而来。可能是食鱼蝙蝠的祖先与食虫蝙蝠在翼的特征和回声定位等方面产生了差异，使得食鱼蝙蝠的祖先不擅长捕捉昆虫，而更适合捕捉鱼类，并最终形成了食鱼的习性，利用起与食虫蝙蝠不同的食物资源。

大足鼠耳蝠目前在中国的二十多个省份和老挝、越南都有分布记录，这种蝙蝠目前受到的威胁主要来自人类干扰和潜在的洞穴开发。包括大足鼠耳蝠在内的很多蝙蝠都有群居于洞穴的习性，常常形成密度很大的蝙蝠群体，一旦这些洞穴遭到破坏，对栖居其中的蝙蝠打击将是沉重的。相对于大熊猫、扬子鳄这样的明星动物，蝙蝠受到的关注要少得多。但蝙蝠同样在生态系统中发挥着重要的作用，需要人们开展更多的工作，去研究、认识和保护这群飞翔的"夜行者"。

漓江上的鸬鹚

酸性水质的漓江江水侵蚀着所到之处的岩体，塑造了形态各异的奇山怪石。蜿蜒曲折的河流，亘古以来吞噬着山脚，如今只剩下耸立的山峰。古往今来，人们感受着漓江的美，漓江也见证着两岸生民的繁衍生息，漓江不仅仅是一个旁观者，她更是孕育文明的母体。所谓"靠山吃山，靠水吃水"，漓江的水产，是此地居民的生计之一。

晨曦渐渐覆盖了桂林的喀斯特山峦，熹微的晨光中，渔民们在竹筏上休息，为接下来的渔猎养精蓄锐。年过花甲的渔民们，一辈子以捕鱼为生。他们捕鱼不靠罟网，靠的是他们驯养的水鸟——鸬鹚。这些鸟拥有非凡的捕鱼天赋，经过渔民的训练，成为渔民捕鱼生涯中的忠实伙伴。休息过后，到了这些捕鱼能手们一展身手的时候。隐居山林的清代文人吴嘉纪，目睹鸬鹚捕鱼的过程，写下了一首《捉鱼行》：

茭草青青野水明，小船满载鸬鹚行。
鸬鹚敛翼欲下水，只待渔翁口里声。
船头一声鱼魄散，哑哑齐下波光乱。
中有雄者逢大鱼，吞却一半余一半。
惊起湖心三尺鳞，几雄争拿能各伸。
烟破水飞天地黑，顺史擎出秋湖滨。
小鱼潜藏恨无穴，雌者一一从容嗫。
渔翁举篙引上船，倒出喉中片片雪。
雌雄依旧肠腹空，尽将美利让渔翁。
回看出没争奇处，腥气空留碧浪中。

我们可以从诗人生动细腻的描绘中，感受到鸬鹚捕鱼的激烈场景：渔船行至江中，三五成排的鸬鹚悄无声息，立于船头严阵以待，只等渔翁一声令下，瞬间跃入水中，须臾即有所获。渔民们载歌载舞，一边有节奏地踏动，使竹筏随之起伏，一边以同样的节奏发出口令，用这种方式激励鸬鹚跳进水中捕鱼。一到水下，鸬鹚渔猎的天性就复活了，它们到处寻找鱼的踪迹，或单独追击，或协同作战，逼得鱼儿无处躲藏。频频得手的鸬鹚不停地穿梭于水中和船头。鸬鹚此起彼伏地划破水面，在船身周围激起一片飞溅的水花。

"蜀人临水居者，皆养鸬鹚，绳系其颈，使之捕鱼，得鱼则倒提出之"，这是沈括曾在《梦溪笔谈》里记录的鸬鹚捕鱼之法，这种方法沿用至今。渔民会在鸟的脖子上用绳子松松地系上一个活

结，以防止鸬鹚咽下捕到的鱼。鸬鹚每衔鱼上岸，渔民将大鱼拿出，小鱼则留作鸬鹚工作的奖励。鸬鹚是一种非常聪明的动物，据说它们能记住自己抓住了几条鱼。当它们捕捉到第7条左右的时候，渔民们就要喂食一次。所以渔民们在捕鱼过程中，经常要给它们一些奖励，否则，它们就会罢工不干了。

渔民驯养鸬鹚的方法世代相传，鸬鹚也是一样，渔民的孩子从小学习驯养鸬鹚，家养鸬鹚的幼鸟，从7个月发育完全时开始，就会接受捕鱼训练。通常它们先被安排"观摩"已为渔民服务多年的鸬鹚捕鱼，作为"实习生"跟随"老员工"练习基本工作技能，经过7～10个月的培训，它们就可以正式"上岗"了。鸬鹚的寿命通常十几年，也有少数长寿的鸬鹚能活到二十多岁。两岁到八岁是鸬鹚捕鱼的黄金时段，一只鸬鹚的日均捕鱼量，受到渔人的驯养技术、鸬鹚的年龄和鱼类资源情况等因素的影响，少则几千克，多者可达三十多千克，总的来说还是相当可观的。

用以捕鱼的普通鸬鹚，是鹈形目鸬鹚科的

后页：夜色中，渔民和鸬鹚正在竹筏上休憩。（黄富旺 摄）
下图：渔民从鸬鹚嘴中取出捕获的鱼。

大型水鸟。鸬鹚在中国分布广泛，南方地区尤其常见，它们在南方是留鸟，黄河以北则为候鸟，冬季需要南迁越冬；人工驯养的鸬鹚则不再迁徙，交配繁殖都有渔民的管护。鸬鹚有一身泛着金属光泽的黑羽，眼周和喉部皮肤的亮黄色非常显眼，翠绿色的眼睛透着犀利的眼神，昂首站立，风姿凛然。与多数善于飞翔的鸟类将骨骼重量减轻到极致的需求不同，鸬鹚是潜水高手，为此它们必须增加自己的骨骼密度，厚重的骨骼是潜水法宝之一。尽管与水相伴，它们却放弃了防水的羽毛，这是第二件法宝——它们的羽毛在水中吸收大量的水，让鸬鹚能像鱼雷一样扎入水中，潜入水下三四米的深处。然而这也带来一些麻烦，鸬鹚潜水之后就会羽毛尽湿，所以它们必须在阳光下晒干羽毛，以免散失过多的热量。成群的鸬鹚立于水边展翅晾羽，曾是水乡常见的景致，"鸬鹚晒翅满鱼梁"这样充满乡村野趣的意象也常常出现在田园诗中。潜水只是这位捕鱼能手的基础技能，潜入水中的鸬鹚非常灵活，翅膀和宽大的蹼都能帮助划水，遇到大鱼时它们还会协作出击围捕猎物。鸬鹚锥状的长嘴非常强大，上嘴前端下弯成锐钩，一旦鱼被咬住，就很难挣脱。鸬鹚与鹈形目的其他成员一样，嘴下有喉囊，它们会将水下捕捉的鱼带到水面食用，喉囊用来暂存食物。鸬鹚的食道伸缩性很强，能囫囵吞下数倍于其颈部宽的大鱼，再慢慢消化；为了不让喉咙和食道被鱼鳍划伤，它们还会将鱼头向下以特定的角度吞食。

豢养鸬鹚捕鱼起源于何时？中国人豢养动物的历史非常悠久，河北徐水南庄头遗址出土

上图：鸬鹚有一身泛着金属光泽的黑羽，眼周和喉部皮肤的亮黄色非常显眼。

的具有驯化特征的狗和猪骨骼，将中国家畜豢养的历史指向了一万多年前。早期人类驯化动物的初衷，有时是为了吃肉，如猪、羊；有时则是为了以食宿雇佣动物工作，如狗、家蚕，鸬鹚的驯化属于后者。新石器时代的黄河流域、长江流域甚至黑龙江兴凯湖畔文化遗存的器物中，都有鱼鹰的形象出现，这可能说明那时的先民就已经发现了鸬鹚之类的水鸟具有高超的捕鱼技能。而确凿的驯养水鸟捕鱼的证据，最早出现在东汉时期的画像石中。隋唐时期，文字记载中开始出现驯养鸬鹚捕鱼的内容；宋代以后，关于鸬鹚渔业的记载较前朝增多，鸬鹚渔业的规模也更大。

1987 年，出于渔业资源可持续利用和防疫等原因，《中华人民共和国渔业法》实施细则禁止了未经许可的鱼鹰捕鱼作业。如今，大多数的鸬鹚捕鱼作为一种表演项目存在，当机械化作业替代了传统的捕鱼手段，鸬鹚捕鱼更像是一种仪式，穿越时空去见证古老的耕种渔猎生活。

草海的变迁

草海，是贵州最大的淡水湖泊，云贵高原上的一颗明珠，湖面宽广，水草丰茂，因而得名草海。同漓江一样，这里丰富的水产，也是世代草海居民的生计所在。曾经，当地人大多以捕鱼为生，20世纪70年代以来，当地人的生活与草海的环境一起，几经变迁。

草海这类大型湖泊周围的浅水区，往往分布着大量的湿地。我们今天已经知道，作为世界三大自然生态系统之一，湿地是"地球之肾"，发挥着十分重要的生态功能。然而人们对湿地的认知要晚于森林和海洋，湿地研究这门学科的发展不足百年，对湿地生态价值的重视更是自20世纪50年代才开始。1971年，在湿地保护中具有划时代意义的《湿地公约》缔结，从此国际社会开始共同为实现湿地保护和合理利用的目标而努力。

湿地在中国也曾被长期忽视，中国较大的湖泊几乎都经历过大规模的围湖造田，草海也不例外。20世纪70年代，草海湖水曾一度被全部排干，以开垦农田。然而因为地质和土壤等原因，排干湖水后的草海并没有获得多少良田，反而危及了周围原有耕地的灌溉和周边的生产生活用水，失去了水域的气候调节作用，流域气候也变得恶劣。此时草海的生态恢复和保护问题才引起了重视。20世纪80年代之后，草海水体得到了恢复，并成了以保护珍稀鸟类为重点的自然保护区。然而居住着六千多户居

上图：草海是贵州最大的淡水湖泊。

民的草海，是中国人口压力最大的保护区之一，被人类活动区重重围困，生态保护与资源利用的矛盾非常尖锐。随着经济的发展，周边农药化肥的使用、生活污水的排放、对草海动植物资源的掠夺性利用等问题越来越严重。如果单纯地强调自然的保护，不考虑村民利益的损失，必然会引起村民的抵触，生态保护就陷入了僵局。进入21世纪后，人们开始为生态保护寻找新的出路，保护区里的人和自然，开始被作为一个整体来考量，为保护区内的村民寻找生态友好的替代产业，提高村民的收入，成为生态保护的关键之一。生态农业、生态旅游都被引入草海，良好的生态环境使农产品的附加值提高，也为当地带来了旅游收入。草海周边的村民渐渐把眼光从传统的耕种和捕鱼中转移出来，他们的收入渐渐不再依赖简单的资源索取，

上图：草海渔民用地笼捕鱼。地笼是一种管状的渔网，尾部封闭，中部分节且有环形或方形的框架支撑，每节都有喇叭口形的入口，易进难出，鱼虾进网后难以逃脱，因此地笼有个俗名叫"迷魂阵"。地笼的网孔非常小，无论小鱼小虾还是一些昆虫的幼虫都会被捕获，是一种典型的"绝户"网，不利于渔业资源的保护和可持续利用。在很多地方，地笼网已经是相关渔业法规禁止使用的捕捞工具。

上图：地笼捕获的蜻蜓幼虫。昆虫的发育过程中会经历几个形态差异非常大的阶段，这被称作变态发育。蜻蜓的幼虫被称为水虿（chài），它们与大家熟悉的蜻蜓成虫外形有明显的差别。水虿栖息在水底，以昆虫、蝌蚪、小鱼等水生小动物为食。

而是来自一个生态良好的环境。于是越来越多的人加入到自发的环境保护中，参与保护设施的建设和管护，结成巡护鸟类的志愿队伍，发起村民自我约束的禁渔协会，等等。

尽管草海显然仍然面临很多问题，但30多年以来的转变已然见到了成效，现在的草海夏季草木葱茏，冬季万鸟齐集，呈现一片勃勃生机。

斑鳖

在苏州的西元寺，曾经有一种很特别的动物——斑鳖。据寺里的僧人说，大约在400年前的明代，这只斑鳖被信徒送到了这里，到2007年去世前，它应该是地球上年龄最长的动物了。人类对斑鳖这个物种的认知过程非常诡异，这个曾经非常繁盛的古老物种，直到21世纪才被正式确认，而那时它的情况已经岌岌可危。西园寺的这只斑鳖去世后，中国存活至今的斑鳖仅存两只，它们都生活在动物园中。再加上越南东莫湖和宣汉湖中后来发现的两只，这就是地球上目前已知的所有斑鳖。

斑鳖曾在太湖流域广泛存在，被民间俗称为癞头鼋，我们现在还能在明清时期的文字中看到癞头鼋这个名字。分类学史上对这种动物最早的描述是在1873年，之前曾提到过为黄嘴白鹭命名的英国人史温侯，在上海捕获了几只大鳖的标本，并把标本送给了当时的大英博物馆，这些标本被时任博物馆动物学部负责人的学者约翰·爱德华·格雷以发现者的名字命名为斯氏鳖。事实上，格雷在此供职期间（1840—1874），将这里的动物标本收藏推向了世界上首屈一指的高度，这其中就包括丰富的中国龟鳖类收藏，而中国的龟鳖类物种中，很大一部分也是由格雷首先描述并命名的。现在这些标本保存在从大英博物馆独立出的英国自然历史博物馆中。在格雷之后，相继有人将各自得到的大鳖标本定为不同的种，但包括斯氏鳖在内，由于标本太少，这些种的地位都长期没有得到广泛认可。而在中国，鳖科的分类一度混乱，长江流域的斑鳖长期被认为都是另一个种，鼋。直到 2002 年，苏州科技学院的动物学家赵肯堂先生经过大量求证，认为斑鳖是一个独立的种，并厘清了前人命名的同物异名。2006 年，斑鳖被作为一个有效种正式定名。

斑鳖这种大型鳖科动物，背甲长度达到 80 ～ 110 厘米，体重 100 ～ 180 千克。冬季，它们藏身水底的淤泥内冬眠，农历惊蛰前后，开始苏醒。身为冷血动物的斑鳖需要通过晒太阳获得热量保持体温，在太阳底下晒背的斑鳖，或者停在岸边，或者半悬在水中，只把背甲露出水面，长时间保持不动，每隔几分钟呼吸一次。呼吸时，它把头抬出水面，口中喷出一股水柱呼气，然后张口吸气十几秒，再埋头入水。在赤日炎炎的正午，它会躲进水里躲避高温。夏天温度太高时，斑鳖会再次躲进泥里，进行夏眠。斑鳖既可以用肺呼吸，也可以用皮肤或者咽喉吸收氧气，所以它即使长期间在水下，也不会窒息。

在 20 世纪上半叶，斑鳖在苏南、上海一带的寺庙放生池、园林池塘里还很常见。但到

上图：西园寺的雄性斑鳖"方方"。头颈密布的黄色斑纹，是斑鳖显著的特征。斑鳖这个物种目前已知的个体只有 4 只，长沙动物园 2 只，越南的东莫湖和宣汉湖各 1 只。

20 世纪 70 年代后，中国就再也没出现过野生斑鳖。进入 21 世纪之后，随着北京动物园、上海动物园和西园寺的斑鳖在 2005、2006 和 2007 年相继去世，斑鳖这个物种在中国就只剩下长沙和苏州动物园的一雌一雄两个个体。而这两个个体，就成了通过人工繁育扩大斑鳖种群数量的最后希望。

2008 年，长沙动物园八十多岁的雌性斑鳖被移至苏州动物园，与苏州动物园中一百多岁的雄性斑鳖，结成了世界上唯一的一对斑鳖夫妇，承担起了将这个物种延续下去的重任。2008 到 2014 年间，这对斑鳖夫妇每年都能够自然交配和产卵，可惜的是自然和人工孵化都没有能够成功。2015 年之后，科学家们开始采用人工授精的方式帮助斑鳖繁育，至今还没有传出好消息。据推测，可能是因为雄性斑鳖已至老年，身体状况和精子活力都不容乐观所致。

拯救斑鳖这个物种的努力，在两条路上进行，一条是人工繁育，另一条就是寻找发现新的野生个体。近年来，多人称曾在云南红河流域的马堵山水库见到体型巨大的鳖，然而在此地开展的搜寻至今一无所获。

斑鳖为何会消失得如此迅速？分类上的混乱，导致人们一直没有正视这个物种，是原因之一。另一个原因是，斑鳖这种大型肉食性鳖类，需要足够的领地和食物供应，环境的改变导致适合斑鳖的野外栖息地锐减，例如太湖流域的污染导致水质恶化，红河上游马堵山水坝的建设阻挡了斑鳖洄游产卵的路线，等等。而最直接的猎杀则来自人类。别看成年的斑鳖常常因为体型巨大而被奉为神物，幼年的斑鳖与中华鳖类似，常常难逃成为人类饮食陋习牺牲品的命运。尽管现在很多龟鳖类物种都已经可以人工养殖，但捕杀野生个体的成本更低，非法捕猎在各种利益的驱使下仍屡禁不止。目前，中国所有淡水龟鳖类的野生群体都面临着这样的窘境，如果不采取有效的措施，这些动物恐怕还是会重蹈斑鳖的覆辙。

避免物种灭绝的唯一办法就是保护，建立自然保护区，是保护野生动植物的最有效的途径之一。在中国，野生动物保护区体系已经逐渐形成。

中国大鲵

在中国的保护区中，张家界可以算是知名度最高的保护区之一了。在张家界的山涧中，清澈的小溪蜿蜒穿梭，溪流中生活着一种非常珍稀的动物——中国大鲵。在保护生物学中，那些具有强大公众号召力和吸引力的物种被称作旗舰种，如兽类中的大熊猫、藏羚羊，鸟类中的朱鹮、丹顶鹤，而两栖动物中，中国大鲵绝对算得上明星物种。这个已经在地球上生活了一亿七千万年的物种，堪称"活化石"。它们还是世界上现存最大的两栖动物，体长能够达到两米，体重可以超过五十千克。

大鲵生活在水流清澈，植被丰富，且有裂隙岩穴发育的山涧溪流中，分布遍及长江、黄河、珠江流域中上游的华中、华南、西南各省区。不同环境中的大鲵体色有较大的差别，常见黑褐色、黄褐色。大鲵密布斑点的皮肤，无论颜色还是质地，都与环境中的石头很相似，几乎能与环境融为一体，它们可以靠这样的保护色隐蔽自己。

大鲵是一群怕热喜阴的动物，因此它们通常昼伏夜出，白天常常藏身于洞穴中，夜间出来觅食活动。它们那婴儿啼哭般的叫声（这叫声让大鲵有了"娃娃鱼"的俗名），常常是在晚上传出。大鲵看起来呆萌可爱，但是作为肉食动物，它们可是凶猛的捕食者。大鲵以水中的鱼、蛙、虾、蟹等为食，比较常用的捕食策略是守株待兔，它们常在滩口有乱石的流水中

坐等猎物靠近，当感觉到身边有猎物经过时，张开大口吞食。大鲵行动迟缓，新陈代谢也比较缓慢，半个月不吃东西，胃中仍然有没消化完的食物，这让它们能够应对长时间缺乏食物的艰难情况，几个月甚至一年以上不进食都不会饿死。

　　洞穴是大鲵重要的生活空间，除了日常栖身躲藏之外，占据了大鲵生命中一半时间的冬眠，也是在洞穴中度过的。大鲵的交配繁殖同样隐蔽在洞穴中进行。大鲵是体外受精的动物，它们会在河溪中寻找一个合适的洞穴，雌鲵在水中产下几百枚卵，这些卵相互粘在一起形成念珠一样的卵带。然后雄鲵将精子排入水中，对卵进行受精。受精后的卵是在洞穴中自然孵化的，但雄鲵会在洞中守护这些卵，防止它们被水流冲走，或者被其他动物捕食。此时的大

前页：大鲵生活在水流清澈，植被丰富，且有裂隙岩穴发育的山涧溪流中，张家界的清澈溪流为大鲵提供了适宜的生活环境。为了保护大鲵及其生活环境，这里在1996年成立了大鲵国家级自然保护区。

下图：大鲵的皮肤颜色和质地都与石头很相似。

上图：张家界的金鞭溪峡谷。大鲵对生活环境的要求非常苛刻，有大鲵生活的地方往往有优良的生态环境，因此大鲵被视作一种环境指示生物。

鲵会比平常更加机警凶猛，遇到危险时会张开大嘴威胁对手，抵御敌害入侵。大约两个月后，幼鲵孵化出来。亲鲵会继续守护幼鲵，直到它们能够独立生活。刚孵化的幼鲵形似蝌蚪，头两侧还有分叉的外腮，这是它们临时的呼吸器官。随着幼鲵长大，肺逐渐发育，外腮随之消失。

　　长期以来，中国大鲵都是被重点保护的野生动物。随着中国大鲵的人工养殖获得成功，在很多保护区，人们开始将人工养殖的大鲵放入野外，以增加野外种群的数量。人工养殖的成功让这个物种逃离了灭绝的边缘。然而最新的一项研究，引发了对中国大鲵新的担忧。中国科学院昆明动物研究所、英国伦敦动物学会等机构的研究者们组成的合作团队，做了大量的实地调查和遗传分析工作，结果颠覆了人们对大鲵的传统认知。

首先，野生大鲵的数量比想象中要少得多，2013 年至 2016 年的 3 年时间，研究者们遍寻中国 16 个省份的 97 个可能有大鲵分布的地点，却只在其中的 4 个地点找到了 24 只大鲵。在这些被调查的地点，研究者们还对附近的居民进行了问卷调查，尽管大部分人都认识大鲵，但只有不到一半的人在野外见过大鲵，而他们最后一次在野外见到大鲵的平均时间，停留在 19 年前。在研究人员没发现大鲵的 93 个地点中，只有 19 个地点有人曾经见过大鲵，而其中的 18 个地点附近有大鲵人工养殖场，或者有养殖大鲵放归野外的活动，这就意味着，目击者见过的大鲵并不一定是野生的，也有可能是从人工养殖区域中逃逸，或者被人为放归的养殖个体。

与野生个体的难得一见相比，人工养殖的大鲵数量超过百万，简直可以用泛滥来形容。20 世纪 90 年代，大鲵被炒成了奢华美食，野

下图：成年大鲵兼用肺和皮肤呼吸，它们的皮肤可以吸收水中的溶解氧，当水下氧气不足时，它们会把鼻孔浮出水面换气。

生大鲵被大肆捕杀的同时，也催生了大鲵的人工养殖。然而野生大鲵并没有因为养殖的成功而得到拯救，养殖毕竟有资金成本和技术门槛，盗猎仍然有利可图。随着大鲵的野生种群不断减少，人工养殖的大鲵开始被放归自然，期望以此扩大野生种群。然而遗传方面的研究显示，这很可能是种南辕北辙的做法，甚至加速了大鲵物种的灭绝。

大鲵属传统上被认为只有两个种，即中国大鲵和日本大鲵。但通过研究十年间积累的大量野生和养殖大鲵样本的遗传结构，研究人员发现，从前被认为是一个物种的中国大鲵，至少包含了 5 个物种，这些物种被暂定为陕西种、四川种、广西种、贵州种和安徽种，它们大致分布在黄河、长江、珠江、钱塘江等水系中。这些物种之间的分化时间大约在 471 万～ 1025 万年，它们已经在各自的栖息环境中形成了不同的遗传特征，但尚未形成生殖隔离，在人工条件下仍然可以杂交。这意味着目前的大鲵保护存在巨大的隐患，养殖大鲵的遗传背景非常混乱，改变了野生大鲵的基因组成，也降低了野生大鲵的遗传多样性。目前放归野外的养殖大鲵都没有进行过任何遗传评估，它们很可能与放归环境中的野生大鲵根本不是同一个物种，这些外来的基因很可能对原本的野生个体造成基因污染。

这项研究透露出人们对中国大鲵这个物种的了解，可能远比想象的要少，同时也为中国大鲵的保护指出了不同以往的方向。要保护大鲵，就必须要去了解它们。对中国大鲵遗传多样性的全面调查，是亟待开展的工作。了解清

楚几种大鲵的分布范围、种群大小、遗传状况等信息，才能为大鲵的保护提供科学的依据。未来，大鲵的人工养殖和养殖个体的野外放归，很可能都必须在遗传评估的基础上展开。而打击盗猎和栖息地保护，仍然是不能松懈的工作。

扬子鳄

如果说中国大鲵是中国两栖动物中的旗舰种，那么爬行动物中的旗舰种，非中国的特有种扬子鳄莫属。扬子鳄是中国现存唯一的鳄类和最大的爬行动物，也是世界上23种鳄类中仅存的两种淡水鳄之一。

扬子鳄一年有一半的时间都在冬眠中度过，每年10月份左右，野生扬子鳄会在它们栖息的河流、水塘岸边挖洞冬眠。它们会寻觅有草丛等遮蔽物挡住洞口的地方，洞向下挖成斜坡，以便躲进水面以下温暖的淤泥层中过冬。到第二年5月，扬子鳄开始复苏活动。经过一个冬天不吃不喝，这时候的扬子鳄都比较消瘦。上岸的头等大事是繁殖后代，它们会用一个月的时间把自己吃胖，然后投入到求偶交配中去。

雄鳄鱼会发出求偶的吼叫，吸引雌性鳄鱼。交配活动会在水下进行，交配后，雌性上岸产卵并筑巢。雌鳄鱼会寻找具有良好隐蔽条件的、地面潮湿的地方，在地上挖一个坑，填上杂草，卵就产在其中，再用厚厚的杂草盖在顶上。跟其他鳄鱼一样，雌扬子鳄不会孵卵，它们的卵靠阳光照射和裹在卵外的植物发酵产生的热量孵化。虽然不需要孵卵，但雌扬子鳄会在巢附近严密保护自己的卵，为了保证后代的安全，雌鳄们变得异常凶猛，对一切来犯之敌毫不客气。经过大约十周的孵化，小鳄鱼就要出壳了。一窝卵的数量有10～30枚，出壳较早的小鳄鱼必须依靠自己的力量，去弄碎坚硬的蛋壳。这可不是一件容易的事情，它们需要花费两个小时的时间，才能把头伸出蛋壳。巢上覆盖的杂草很厚，刚出壳的小鳄鱼很难自己爬出巢区，不过它们会发出叫声呼唤母鳄来帮忙。在附近活动的雌鳄听到小鳄鱼的叫声后就会赶来，把覆盖在巢上的杂草扒开，帮助小鳄鱼爬出巢。雌鳄还会用嘴咬破那些尚未破壳的蛋，帮助幼鳄出壳。随后雌鳄会带领着一窝小鳄鱼下水活动。这些小鳄鱼，不久后就会跟随母鳄一同进入冬眠期。

关于扬子鳄的孵化，一个很有趣的现象是它们的性别决定模式。我们最熟知的性别决定模式是遗传决定性别。就像我们人类，我们有两条性染色体，当性染色体是XX时，新生儿就是女性，XY则是男性。但包括扬子鳄在内的一部分爬行动物，新孵化的个体是雌是雄，是由卵的孵化温度决定的。野生扬子鳄群体目前的雌雄比是5：1，这可能就是因为孵化温度的影响，使新生雌性扬子鳄要多于雄性。有人猜测，恐龙的灭绝，或许也这种温度决定性别的情况有关：特定地质历史时期的温度变化，使恐龙群体的性别失调，从而导致了灭绝。那么温度究竟通过什么样的机制实现了性别决定，这种性别选择模式，对物种来说具有什么进化和生态意义？这些问题目前还没有得到很好的解释。

上图（上）：扬子鳄的卵和刚刚破壳的小扬子鳄。

上图（中）：小扬子鳄的体色非常鲜艳，黑色的身体上有橘色的横纹，与成年扬子鳄有明显的不同。

上图（下）：刚孵化的小扬子鳄下水活动。

中国古代称扬子鳄为鼍，可以说从中国有文字起，"鼍"这个字就已经出现了。历代关于鼍的记载俯拾皆是，这个物种在长江流域曾经相当繁盛。直到 20 世纪 50 年代，扬子鳄在长江下游还随处可见。事实上，扬子鳄的适应性很强，繁殖能力也不弱，它的濒危，完全是场人祸。20 世纪 50 年代至 90 年代，大量的湿地被开垦成农田，扬子鳄的栖息地锐减。失去栖息地的扬子鳄只能进入人类活动的区域觅食，它们践踏庄稼、捕食村民的家禽，因而被视为一害，简直到了"人人得而诛之"的地步。农药的大量使用，一方面使扬子鳄的食物鱼、虾等减少，另一方面常有扬子鳄因吞食被毒杀的食物而中毒死去。到 2005 年，野生扬子鳄的数量一度下降到不足 120 只。不过现在人工孵化扬子鳄的技术难题已经被攻克了，目前中国人工繁育的扬子鳄数量达到了一万多只。

与人工饲养扬子鳄的繁盛相比，野生扬子鳄仍然面临着栖息地破碎和环境污染的威胁，不过在保护区中，它们得到了人类悉心的看护。野生扬子鳄只分布在安徽、江苏、浙江三省毗邻长江的地区，这些地方人烟稠密，野生扬子鳄的栖息地，零散地分布在被人类的农田村庄包围的狭小地域里。所以野生扬子鳄并不是大家通常想象中的那种生活在荒野中的"野生"动物，而是一群与人类近在咫尺的动物。正是野生扬子鳄的这些人类"邻居"，在保护在扬子鳄的保护中起到了重要的作用。在安徽，安徽扬子鳄国家级自然保护区的二十多个扬子鳄保护点涉及宣城、芜湖两市的 5 个县区，由于人手有限，这些保护点的日常看护工作，都是由当地群众义务帮忙完成的，宣城市周王镇张村红星保护点的畲施珍老人就是其中之一。从 20 世纪 80 年代起，老人就和丈夫一起承担起了看护扬子鳄的工作，在老人的影响下，佘老一家三代，都加入了扬子鳄的看护工作中。老人几乎每天都会去看望扬子鳄，并记详细记录下每天的天气和扬子鳄的活动情况和数量变化。长期的观察使她对扬子鳄的习性非常了解，能准确地把握扬子鳄产卵和孵化的时间。在扬子鳄产卵孵化期间，是老人最忙碌的时候，她每天要跑几趟，以确保扬子鳄的卵免遭破坏。为饲养孵化出的幼小扬子鳄，畲施珍专门在家里修建了一个池塘，她还在池塘边围了一圈栅栏，以免它们受到侵害。她要花 6 个月的时间喂养小扬子鳄，直到它们可以独立去野外捕食。过去的 30 年中，类似畲施珍这样小规模的野生动物保护项目有很多。当地百姓的看护，不仅让扬子鳄得到了很好的保护，他们记录下的第一手资料，也为扬子鳄的科学研究提供了重要的信息。中国最后的 120 只野生扬子鳄就是这样从灭绝的边缘幸存下来的。

亭亭凌霜雪，
松寒不改容

从扬子鳄饲养村落往南，就是最高海拔 1864.8 米的黄山。黎明时分，一轮红日从云海中跃出，破晓之光涌进群峰涧谷之中。晨曦之下，黄山无比秀丽。金色的霞光笼罩着花岗岩山石，散发出一种温暖的色调，黄山松在山石上投下自己斑驳的影子，一明一暗间，伟岸的黄山和苍劲的黄山松透出一种静谧的温柔。

黄山素以奇松、怪石、云海、温泉四绝闻名天下，作为四绝之中唯一有生命的景致，松为黄山点缀出一片生机。在黄山的画卷中，松以描绘绿意见长，松的绿绝不单调，群峰之中，或是孤松兀立，或是丛生成林，苍翠的色块大大小小，远近高低，层次分明；枝上松叶簇簇，老叶浓碧，嫩叶鲜绿，浓淡相宜。黄山松的奇，奇在令人叫绝的姿态。四百多年前，当徐霞客来到黄山，他惊叹于黄山松的奇绝，在游记中描摹着这些奇松的姿态，对它们赞赏有加："绝巘危崖，尽皆怪松悬结，高者不盈丈，低仅数寸，平顶短鬣，盘根虬干，愈短愈老，愈小愈奇，不意奇山中又有此奇品也！"那些绝壁之上的松，身材并不高大，却有破石而生的强大生命力，它们在山崖间或平展横陈，或悬垂倒挂，或贴石壁向上；树干或挺拔，或虬曲，或如美人玉立，或如蛇舞龙游；树冠顶平如削，状如伞盖，枝丫横伸向远，如鸟展翼。中国人喜爱奇松，喜爱的程度毫不亚于怪石。人们同样为那些长相奇特的松树起了名字，在人们的想象中，这些松仿佛拥有了灵魂，它们有的"迎客"，有的"送客"，有的"望泉"，有的"探海"。

黄山松为什么拥有如此奇异的身姿？事实上，它们是风雕刻出的作品。在黄山海拔 1500 米以上风势强劲的峰顶地带，形态奇特的松树非常普遍。在肆虐的狂风中，突出的顶枝会被风摧折，迎风面的侧枝或者受风折断，或者被压弯向背风面，这就是为什么黄山奇松往往身形低矮，树冠平截，枝丫都向着一个方向水平伸展，这种形态的树冠被称为旗形树冠，是植物在长期强风吹袭下呈现的一种典型形态。有些黄山松背靠岩石生长，背后的山岩能够为它们遮挡住一部分山风，有趣的是，这样的松树树高往往与挡风岩石的高度近乎一致，比如著名的黄山迎客松。这是因为新生的枝条一旦超过背风区域，就会被风摧折，风仿佛划下一条隐形的线，限制着松树的生长。狂风的吹拂还改变了松树针叶的形态，在黄山，生长在低海拔避风处的黄山松，针叶长度能达到15厘米，而在多强风的高海拔地带，针叶往往短而浓密，长度仅有4厘米。除了风力，光照也是塑造黄山奇松的一个重要因素。黄山松是喜光的植物，但有些峡谷中光线射入受到阻挡，生长其中的黄山松不得不努力向着阳光充足的地方伸展枝干，久而久之，就形成了各种松枝招展的姿态。

黄山的山风无疑是个成功的雕塑家，创造

下图：黄山迎客松。

出黄山奇松这样久负盛名的作品。但"巧妇难为无米之炊"，奇松之所以成为奇松，也要靠黄山松的自我成就。在狂风笼罩的花岗岩山体上，多数植物都很难生存，但黄山松却能在岩石缝隙中"绝处逢生"。这得益于黄山松适应不良环境的绝佳能力：无论干旱、贫瘠、高温、寒冷，它们都不畏惧；即使是在岩石缝隙或石英砂地，黄山松的种子依然能生根发芽；在岩石上"站稳脚跟"之后，它们还能够分泌有机酸，加快岩石的风化，促进土壤的形成。拥有这些生存能力的树种，往往能在裸地、荒山之类的环境中率先生长成林，犹如造林的开路先锋，因此被称为先锋树种，很多松树都是这样的树种。

正是这种逆境生存的能力，让松树在中国人心目中形成了一种顽强、坚韧、不屈的形象。松四季常青，虽经历严冬却不凋零，即便身蒙霜雪也不改挺拔之姿，因此孔子说"岁寒，然后知松柏之后凋也"。松的形象传达出一种坚定的力量，不因艰难困苦而改变心志，不因权势压迫而摧眉折腰，秉持操守，刚正不阿，清高孤直，绝世独立。松不仅坚韧，这种坚韧还十分持久。人的一生，不过几十上百年光景，但松却能挺立几百上千年之久，见证一代代人的兴衰更替。因此人们将长寿、永久的美好愿望寄托在松的形象中，有了"松鹤延年""寿比南山不老松"这样的吉祥话语。

作为裸子植物，松不仅长寿，更是一群古老的植物。今天地球上的植物中，被子植物无疑是种类最多、分布最广、进化相当成功的类群，但裸子植物的出现比被子植物更早，在恐龙统治地球的中生代，裸子植物曾经繁盛一时，因此中生代不仅是恐龙时代，也是裸子植物的时代。中生代晚期，恐龙灭绝的同时，被子植物作为植物界的一支新生力量逐渐发展起来，而裸子植物走向了没落。如今，被子植物拥有二十多万个物种，而裸子植物的区区 1000 个物种都比不上被子植物一个零头。所以裸子植物只是一群"过气"的古老植物吗？事实远非如此，尽管种类少，但裸子植物仍然拥有广阔的森林，它们是今天地球上森林的重要组成部分，无论是森林占据的面积，还是木材蓄积量，裸子植物都足以力压被子植物，稳坐第一的位置，因此裸子植物对于整个地球的生态系统有着非同寻常的意义。

在裸子植物中，拥有两百多个物种的松科是第一大科，其成员是北温带针叶林主要的组成部分。松科中包括了松、落叶松、雪松、冷杉、云杉、油杉等属，其中松属就是黄山松（*Pinus taiwanensis*）所在属。黄山松的种名 *taiwanensis* 是台湾的意思，这意味着黄山松其实是台湾松，这个学名中包含了关于黄山松分类的一个富有争议的问题——黄山松到底是种什么松？首先，黄山松并不只分布于黄山，在安徽的其他山区和浙江、福建、江西等省份都有分布。黄山松（*P. huangshanensis*）这个物种（注意这里的黄山松种名 *huangshanensis* 是"黄山"，而非"台湾"）在 1936 年首次被描述和发表，描述所依据的标本，就采自黄山，因此这个物种被命名为黄山松。20 世纪 60 年代，著名的植物学家郑万钧先生提出了一种不同的观点，认为黄山松、台湾松（*P. taiwanensis*）虽

然属于不同的种群，但从台湾地区到华南、中南地区分布的这两种松，在外部形态和内部解剖结构上，都表现出了一种渐变式的过渡特征，两种松之间的差异只是量的差异，而并没有达到质的变化，也就是说并没有达到能成为两个不同物种那么大的差异。因此他将两个种合并，拉丁文学名定为 *P. taiwanensis*（台湾松），而中文名保留了"黄山松"的名字。但一些学者并不赞同这个观点，认为这两种松在形态、解剖和遗传上都有差异，不应合并，应该作为两个独立的种。目前关于黄山松的争论仍然没有定论，事实上，黄山松分类的混乱并不只存在于与台湾松之间，黄山松与日本的琉球松、广西的大明松之间的关系也仍不清楚。整个松属的分类中，类似含混不清的问题并不鲜见，随着分子生物学的发展，研究者们开始将新的方法用到这些问题的研究中去，试图从遗传的角度去厘清各种松之间的关系。

松属中的各种植物通常都被大家俗称为松树，各种松树最突出的特征，就是它们针状的叶子。松属植物的针叶常常一束一束地着生在枝上，有的 2 针一束，比如黄山松、黑松；有的 3 针一束，比如白皮松；有的 5 针一束，比如日本五针松。针叶有长有短，短的不足 5 厘米，比如日本五针松；长的可达 20 厘米，比如乔松。松通过种子繁殖后代，但它们不能产出果实，种子外面没有果皮的包被，

后页：乔松。这种松的针叶可以长达 20 厘米，细长柔软，常常像流苏一样下垂。圆柱状的球果同样细长而下垂，长度能达到 25 厘米。

上图（从左至右）：黑松、白皮松、日本五针松。

因此种子是裸露的，这也就是裸子植物中"裸子"两字的来源。有趣的是，松的种子产生的过程，从传粉到种子成熟，需要两年半甚至更长的时间。传粉在第一年的春末夏初时候进行，但传粉之后不会马上受精，花粉在雌球花中储存一年之久，到第二年的初夏才会完成受精。受精之后的雌球花很快发育膨大成球果，也就是俗称的松果。松果上像鱼鳞一样排列的一个个凸起，被称作种鳞，每个种鳞里生长着两枚种子。种子发育成熟，要等到受精当年的秋天，甚至受精后的第二年。松的种子有大有小，中国的松属植物中，多数松的种子不足 1 厘米；也有少数种子比较大，能达到 1.5 厘米左右，比如红松，通常干果市场上的国产松子，就是红松的种子。松的种子成熟后，种鳞向外打开，藏在其中的种子脱落，散放出来，如果掉落到合适的环境中，这些种子就有机会萌发生长成一株新的松树。

黄山短尾猴的"社交"生活

离开黄山奇松生长的峰顶，我们把目光转向黄山风景区西南，在浮丘峰和云门峰之间，森林覆盖的山谷里，生活着一种神奇的动物——黄山短尾猴，它们是藏酋猴家族中一个稀有的分支，也是黄山特有的野生动物。

藏酋猴是猕猴属的成员，广泛地分布在中国中南部各省，这些藏酋猴群体之间由于地理上的隔离和形态上的差别，通常被分为几个亚种，其中的黄山亚种只分布在黄山风景区内，被称为黄山短尾猴。

藏酋猴是猕猴属中体型最大的一种，看起来健壮有力。它们的尾巴极短，通常不足 6 厘米。藏酋猴主要以植物为食，在黄山，它们夏天常在 1000 米以上的高山地带活动以避暑热，冬天则来到低山向阳的林地，它们厚厚的毛皮可以帮助抵御冬季的严寒。目前，相对于猕猴属的其他一些成员，人们对黄山短尾猴还知之甚少，了解比较多的仅有它们的社群行为。

黄山短尾猴的猴群与前面说到的黑叶猴

不同：黑叶猴的猴群里通常只有几只到十几只猴子，黄山短尾猴的猴群更大，通常包含30～50只猴子；黑叶猴的猴群是单雄群，群体中只有一只成年雄猴，而黄山短尾猴的猴群是多雄群，猴群由多只成年雄猴，多只成年雌猴以及它们的幼崽组成。黄山短尾猴的这种结群方式在非人灵长类动物中非常常见，群体中的社交行为也更复杂。

在猴群中，合作与竞争，是永恒的主题。猴子们结成群体，是出于合作需要：群体协作更有利于它们搜寻食物、防御敌人和繁殖交配。但群体生活也会带来冲突和竞争，于是很多灵长类的猴群中都会发展出非常严格的等级制度，猴群中每个成员都有自己的地位，这种秩序会在一段时间内保持稳定，从而维持群体中合作与竞争的平衡。但个体的等级地位也是不断更新的，基本呈现出一种"后浪推前浪"的

趋势，这能够实现群体的老幼更替，保证整个猴群的繁荣。

猴群中只有一个地位最高的雄性首领，它拥有在交配、饮食、领地等各方面的绝对优先权。当然它也会履行作为猴王的职责，带领猴群觅食、躲避、防御，当其他猴群来争夺领地时，它必须冲锋在前，维护猴群的利益。首领以外的雄性根据年龄、强壮程度等有各自的优先权排位。地位高的雄猴希望维护自己的既得利益，地位低的雄猴企图提升地位，获得更多好处，这是群体中的固有矛盾，因此"战争"几乎每年都会爆发。7—12月是黄山短尾猴的交配期，雄性的攻击行为通常集中在交配季节到来的前

下图（上）：这只雄性黄山短尾猴是猴群中的 α 雄性，俗称"猴王"。

下图（下）：几只雌性黄山短尾猴在一起互相梳理毛发。

下图：黄山短尾猴是藏酋猴的一个亚种，藏酋猴是猕猴属中体型最大的一种，它们看起来粗壮魁梧。

夕。也许是发情期雄猴们体内陡然上升的睾酮素会让它们变得更加富于攻击性，雄性间争夺地位的打斗能持续一个月。有研究表明，在峨眉山短尾猴中，年轻的雄性个体在这期间的攻击倾向更明显，而地位趋于上升；老年的雄猴则倾向于温和的行为，地位趋于下降。也就是说，一只猴子想要提升自己的地位，基本靠打架，想登上"猴王"的宝座，也不例外。黄山短尾猴猴王的"任期"通常也就一两年，大部分情况下，是通过激烈凶残的打斗实现的，双方在打斗中受伤是家常便饭。战败的老首领在群体中的地位会一落千丈，它与群体中雌性产下的幼崽们也难逃新首领的毒手。但情况也不总是这样，偶尔，猴王会实现和平"禅位"，这种行为更像是一种结盟，体力下降的老猴王选择退居群体中"第二把交椅"的位置，辅佐年富力强的新猴王。新秩序确立之后，能维持一段时间的稳定，起码在下一年的交配季到来之前。

猴群秩序的维持同样需要社交手段，地位低的个体背对向地位高的个体，向后者展示出臀部（这在动物行为学中被称为"呈臀"），表达示弱、臣服等含义，地位高的猴子以交配的姿态象征性地"爬跨"地位低的猴子，宣示自己的地位。当猴子们之间出现冲突时，上述这些行为是常见的结束争端、缓和矛盾的社交手段。与其他非人灵长类一样，黄山短尾猴也经常在一起梳理毛发。有研究显示，在食物充足的季节，猴子们白天大部分时间都用在休息和梳毛上。梳毛几乎会发生在群体中的所有个体之间：雌性之间用梳毛增进感情，加强彼此

的盟友关系；地位低的猴子主动为地位高的猴子理毛，向后者示好，以在群体生活中得到更多的好处；等等。总的来说，猴子之间互相梳毛是为了拉近个体间的关系。

群体中地位比较低的雄性，在猴群这个"等级社会"中处于交配优先序列的底层。但为了将自己的基因传递下去，它们还是会通过各种办法获得交配权，不过这些方法基本上都是在猴王视线之外进行的。它们有时会做鬼脸——这种表情在黄山短尾猴中是雄性邀请雌性交配的信号——引诱雌性前来交配。有时就

下图：黄山短尾猴互相梳理毛发。

直接趁猴王不注意，逮住机会"霸王硬上弓"。有时还得采用一些计策：雌性之间有时也会发生冲突，这时候如果雄猴冲上去声援某只雌性，说不定将来受到恩惠的雌性就会以交配作为回报。

一个群体中出生的雌猴会终生留在出生群里，雄猴则会在成年后加入别的家族群，这样一来，猴群之间就实现了雄猴的交换，这种交换能够防止猴群中的近亲繁殖。在雄猴们还在幼年的时候，它们就常常与家庭中年龄相仿的

小雄猴玩耍、追逐、抓打甚至撕咬，这不是真正的打架，双方也不会受伤，这是它们重要的学习和演练，为日后雄性之间的战斗做准备。

很多灵长类动物中，处在发情期的雌性，生殖器周围的区域会呈现出独特的样子，比如肿胀发红，而怀孕或哺乳的雌性则没有这样的特征，这种"红屁股"对雄性来说是一个强烈的信号，雄性一眼就能辨认哪些雌性还在孕育或抚养后代——它们还不能接受交配，而哪些雌性正在发情——快去找它们交配。但这种显而易见的发情信号，在雌性黄山短尾猴并不存在，它们"隐藏"了自己的身体状况，雄猴无从辨别它们是否已经怀孕，于是雄性只能无区别地跟雌性们交配。这样势必会引起更多的无效交配，但这其中也许隐藏着雌性们的"小算盘"。有研究者猜测雌性黄山短尾猴这种特征的进化动因，可能源于两性在繁殖中追求的利益不同：雌性与幼崽之间的血缘关系是十分确凿的，因此雌性投入大量的精力抚养幼崽，以确保幼崽的成活；而雄性与幼崽之间的血缘关系是不确定的，因此雄性追求的是将自己的"种子"最大限度的散布出去，以增加自己"可能"的后代。在猴王的权利更迭中，如果新的猴王确定群体中的幼崽不是自己的后代，就很有可能对这些幼崽下毒手。但如果新猴王是幼崽"可能"的生父，情况就会不同。在黄山短尾猴中，雌性没有明确的发情信号，可以与更多的雄猴发生"欺骗性"的交配，这样它们的幼崽就会有很多"可能"的生父，从而降低幼崽被杀的风险。

1982 年，荷兰科学家弗朗斯·德瓦尔的著作《黑猩猩的政治》一经问世就令大家大开眼界。书中记录了他们长期观察的一个大猩猩群体的日常行为：它们也有尔虞我诈，有合纵连横，有矛盾仲裁，有集体领导。三十多年来，对非人灵长类动物行为的研究越来越多，这些研究让人们意识到，动物的"社交"生活，可能远比我们想象的要复杂。

稻鱼共生

夏末，南方稻田一片金黄，收获的季节来到了。收获要趁晴天，稻田在骄阳下显得更加浓艳而有层次，就像梵高笔下流淌的色彩。微风吹起阵阵稻浪，恰似滚滚黄云。平坦谷地上的稻田平铺向远，一直延伸到天际。稻田中一片忙碌的景象，喧闹的收割机惊扰起昆虫，成群的金腰燕扑上去猎食。这是人类的丰收，也是群鸟的"美食派对"。就连几个星期前才羽翼渐丰的小鸟也不嘴软，这恐怕是它们赶往南方过冬之前的最后一顿大餐了。

农业机械化在平坦的地形中最能有效地发挥作用，不过在浙江的山区，收割机在高低错落的梯田里没了用武之地。青田的龙现村，就是个在山区耕种梯田的村子。金灿灿的稻田围绕在村子周围，沉甸甸的谷穗正等待收割。热火朝天的收割中，人们还延续着古老的收获方式。

村民杨民康是龙现村最能赚钱的人，不过老杨赚钱主要靠的不是水稻，而是他养在稻田里的一种动物——鲤鱼。水稻成熟的时候，田里的鲤鱼也该收获了。老杨会把田里的水放干，稻田出水口的闸门会挡住鲤鱼的去路。然后老杨把鱼在作坊里做成熏鱼干，以待出售。龙现村的鱼，鱼鳞柔软，口感极佳，这可能与当地优良的水质有关。

龙现村这种在水田里养鲤鱼的传统，已经延续了七百多年。在一块农田中，同时种植水稻和放养鲤鱼，这是一种充满生态智慧的养殖模式。中国人民长期在农业生产中实现的自给自足，也正是建立在这种生态智慧的基础之上。

2002年，联合国粮食及农业组织（FAO）提出了一种新的遗产系统——全球重要农业文化遗产（GIAHS）。浙江青田的这种"稻鱼共生"的农业生态系统，成为第一批入选的遗产之一。老杨作为养鱼大户，还曾受邀参加了当时FAO为龙现村举行的遗产挂牌仪式。

稻田养鱼这种生产方式，在中国的贵州、云南、湖南、浙江等省份的一些地方还能见到，如元阳哈尼族、贵州东南部的苗族都有在稻田养鱼的习惯。由于上述这些地方常常水田面积非常有限，为了更充分地利用空间，而采用了这种稻渔结合的方式。在青田的稻鱼共生系统中，稻田中的杂草和害虫成了鱼的食物，鱼的粪便成了水稻的肥料，因此减少了化肥和农药

下图(上)：水稻成熟的季节，人们在稻田中为收割而忙碌，收割机在平坦的地形中能有效地发挥作用。

下图（下）：传统的脱粒方式——打稻。

下图（上）：稻田中放养的鲤鱼，田鱼色彩艳丽，兼具食用和观赏价值。

下图（下）：稻田中收获的鲤鱼。

的用量，也减少了对环境的污染。这种"稻鱼共生"的模式中体现的生态智慧，正是它们受到 FAO 关注的原因。这些传统的农业系统，并非单一的生产方式，而是由农、林、牧、渔中的几种生产方式结合起来，往往维持着有自我调节能力的人工生态系统，具有比较高的生物多样性，体现了人与自然之间长期的相互适应和彼此的和谐关系。元阳的哈尼族梯田就是这样一个系统，它也在第二批入选了这项遗产。当然，它们都面临着现代农业的冲击和消失的危险。

农业文化遗产这张金名片，给了青田以开发带动传统农业文化保护的机会，使青田县以田鱼为主打的生态旅游蒸蒸日上，再加上官方的支持和侨资的投入，更多的人加入到了养鱼的行列，如今青田的田鱼干身价倍增，远销海内外，供不应求。

一番收获的忙碌之后，村民们会一起举行一场庆祝丰收的盛会。龙现村小学的孩子们跳

下图：青田鱼灯舞。

起青田传统的鱼灯舞，他们手中的鲤鱼灯欢腾起舞，就仿佛人们心中的喜悦。舞者们以手中的鱼灯模仿田鱼的各样姿态，不断变换阵形，舞出"春鱼戏水""夏鱼跳滩""秋鱼恋浒""冬鱼结龙"的主题，接近尾声时，鱼儿们结群围作一团，如同天南海北的青田人，被乡情维系在一起。

鸟的天堂

到了 11 月，相对寒冷的北方来说，中国南部地区的天气依然比较温暖。宽广的鄱阳湖进入它季节性的枯水期，大片的草洲、泥滩随着水位的下降渐次显露。就在这些水陆过渡区域，大批越冬的候鸟已经到达。鄱阳湖的这些冬季"居民"，从 10 月开始陆续前来，到 12 月初数量达到了峰值。季节性湿地上的植物和小型水生生物为这里的上百种数十万只候鸟们提供了食物来源。鄱阳湖这个中国最大的淡水湖泊，也成为中南方最好的野生鸟类观赏地。

在鄱阳湖的越冬候鸟中，有些大个子总是异常显眼，这些雁形目和鹤形目的大型水禽，常被人们统称为天鹅和鹤。它们虽然不是这里数量最多的物种，却总因为夺目的外表、稀少的数量和自身承载的文化内涵而成为被关注的焦点。

在中国有天然分布的天鹅有三种，即小天鹅、大天鹅和疣鼻天鹅。小天鹅是其中最常见的一种，它们夏季在西伯利亚苔原带繁殖，因此也被称作苔原天鹅，冬季来到中国和日本等

地越冬。它们往往在8—9月间就离开繁殖地开始迁徙，中途遇到食物丰富的湖泊湿地就会停下来休息，如此逐步向南，经过两个多月的时间，在11—12月到达鄱阳湖。在冬天的鄱阳湖，遇到小天鹅不是什么难事，每年来到鄱阳湖的小天鹅数量保持在一万多只。但见到大天鹅就不那么容易了，因为鄱阳湖并不是大天鹅主要的越冬地点。大天鹅在亚欧大陆北部有广泛分布的繁殖地，其中包括中国的东北、内蒙古、新疆等地。东部沿海、黄河中下游湿地是大天鹅主要的越冬地，夏季的新疆巴音布鲁克湿地，冬季的山东荣成、陕西榆林都是观看大天鹅的好去处。在鄱阳湖，大天鹅属于偶见种，而疣鼻天鹅是基本见不到的种。疣鼻天鹅在中国只有少量分布，但在欧洲却是最常见的天鹅，大部分疣鼻天鹅在北非、印度越冬。不过由于疣鼻天鹅比较容易驯养，中国很多景区也有人工养殖的疣鼻天鹅以供观赏。

　　三种天鹅中最容易辨认的是疣鼻天鹅，它

下图：在鄱阳湖越冬的黑尾塍鹬鸟群。

上图：在鄱阳湖越冬的鸟类中不乏珍稀濒危的物种，比如图中的国家一级保护动物东方白鹳。

与另外两种天鹅在外形上有明显的不同，颈粗而略短，尾长而尖，鼻子上方一块疣突，游水时两翼向上隆起，脖子向后弯曲，头部低垂，优雅婀娜的形象深入人心。大天鹅和小天鹅颈部更细，鼻上没有疣突，所以头部的形状更接近三角形。大天鹅的颈细长，是鸟类中颈长占身体比例最大的，嘴上的黄斑较大、黑斑较小。小天鹅的体型明显更小，颈更短，嘴上的黄斑较小，黑斑较大。在野外，叫声也是分辨鸟类的好办法。小天鹅的叫声清脆短促，大天鹅有号角一般的歌喉，疣鼻天鹅就比较安静，不善鸣叫，偶尔发出沙哑的嘶声。不要因为它们优雅的外表就忽视了天鹅的战斗力，这种勇敢无畏的鸟为保卫领地，敢于跟狗、狐狸等动物搏斗，天鹅扇动起翅膀的力量也确实能让敌人惧怕三分。当然，作为游客的你如果侵犯了天鹅，也是非常危险的，所以欣赏野生动物最好的方式就是远观，尽量减少对它们的干扰。

　　天鹅虽然能长途迁徙，起飞却不那么灵活，通常要先来一段几十米的助跑，才能摆脱地心

上图：大天鹅的颈比小天鹅更长，嘴的黄色部分更大，延伸形成一个尖形，并覆盖一部分鼻孔。

上图：疣鼻天鹅。

后页：小天鹅的颈比大天鹅短，嘴的黄色部分比较小，不覆盖鼻孔。

引力。然而一旦它们飞起来，就能飞入数千米的高空，这是一般的小型鸟类望尘莫及的高度，古人因而以此为喻"燕雀安知鸿鹄之志"。鸿指雁属鸟类，鹄则指天鹅，古人很早就注意到了雁形目的大鸟们高且远的飞翔能力，常将鸿、鹄并举，"鸿鹄高飞，一举千里"言其飞之高；"双翩临长风，须臾万里逝"言其飞之远，"鸿鹄"也成了志向高远、前程远大的代名词。

天鹅们不光起飞不灵活，走起路来也摇摇晃晃，看起来有些笨拙，这与它们的身体构造有关，小短腿和具蹼的脚适合在水中游泳，却不适合在陆地上行走。但鹤就不一样，作为行走在水边的涉禽，它们有一双大长腿，走起路来灵活优雅。在鄱阳湖的鹤类中，与鄱阳湖的关系最特殊的，莫过于白鹤。白鹤无疑是鄱阳湖最珍稀的鸟类之一，它是国家一级保护动物，世界自然保护联盟濒危物种红色名录将其列为

濒危的最高等级，极危，而它目前仅存的三千多个个体中，95%以上在鄱阳湖越冬。它们夏季在9000公里外的西伯利亚东北部雅库塔地区繁殖，秋冬季节经停扎龙、达赉湖、北戴河、黄河三角洲等地，来到鄱阳湖。

白鹤飞翔时，两翅末端刀锋状的黑色飞羽与身体其他地方的白色撞成了"奥利奥"配色，但静立时的白鹤羽毛上黑色的部分会被白色覆盖，只剩下一片纯白。鹤群中，一些幼鹤是当年夏天在繁殖地出生的，这是它们生平第一次跟随白鹤父母来到越冬地。虽然它们已经能够长途飞翔，但身上仍保持浅褐色的羽毛透露了它们仍未成年。它们要到几个月后，才会换上成年的白色羽装。两三年后，它们也会与白鹤父母一样，在某年返回繁殖地之前找到一位异性同类结成伴侣，建立一个新的家庭。

鹤在中国人心目中，承载着丰富的文化含

义。鹤起飞灵活，振翅而起，绝尘而去，因此有了"晴空一鹤排云上"的昂扬。洁白的外表，清唳的长鸣，使鹤拥有了隐士的高洁，君子的品格。梅妻鹤子，琴鹤相伴，闲云野鹤，这是古代文人的清骨和雅怀。松鹤延年、鹤鹿同春，是鹤的长寿带来的吉祥祝福。飞翔的鹤头颈前伸，腿足向后，张开长翅；静立的鹤回首弄羽；雌雄双鹤面对面起舞，举头向天鸣叫……这些常常出现在艺术作品中的鹤形象，自然的美和寓意的美好交融在一起，成了一种具有东方特质的文化符号。

同为大型鸟类，天鹅和鹤有很多相似的习性，比如它们都喜欢集群生活，再比如它们都是"一夫一妻"制，雌雄一旦配对，便会结为终身的伴侣。这些习性往往是生存压力下做出的适应性选择，与它们共同的特征——庞大的体型，也不无关系。天鹅和白鹤都是以植物性食物为主的鸟类，水生植物的根、茎和种子，都是它们常见的食物，以素食支持如此庞大的身躯，它们必须用大量的时间觅食才能满足自身的能量需求。结群生活能够大大减少单个个体投入警戒中的时间，它们可以轮流站岗，遇到险情立即向同伴发出警报以避敌害。而在繁殖季节，相比于很多小型鸟类，这些大型鸟类的繁殖过程漫长而艰辛。卵的孵化就需要大约一个月的时间，雌鸟孵卵期间，雄鸟要负责保卫妻儿的安全。雏鸟从出壳到能飞更是长达数月，喂养幼鸟和保护它们不受天敌的侵害，需

前页：夏季在巴音布鲁克湿地繁殖后代的大天鹅。(王志忠 摄)

右图：站立的白鹤一身雪白，只有展翅时才会露出翼端的黑色。

要父母双方的投入，才能保证幼鸟的存活。养
育幼鸟期间，亲鸟们还必须要在秋季的迁徙到
来之前完成换羽，夫妻俩的换羽必须择机交替
进行，因为换羽时它们会丧失飞行能力。这些
鸟类在繁殖中的能量投入巨大，在几十年的生
命中，结成稳定的伴侣关系，使得雌雄双方共
同承担养育后代的重任，这为后代的成活率提
供了保证。当然这种关系也不总能如此稳固，
尽管这些鸟对配偶的选择十分慎重，但就像人
类社会有离婚一样，鸟类中也不可避免的有不
负责任的配偶，这种情况下，它们也会"离婚"，

寻找新的配偶。

　　回顾整个旅程，不难发现人类作为自然之
子，是依靠大自然赠予的物产一路从远古走到
今天。原始人类驯化了野稻，靠着这种植物提
供的食物，人类生存繁衍，从蒙昧走向了文明。
进入文明时代，人们开山垦田，种植水稻，人
们驯养鸬鹚，结网捕鱼，山川大地的馈赠与人
类的勤劳和智慧一起，养活了日益繁盛的人口。
依赖自然的生产生活，促使人们去观察和体味
自然：候鸟的来去传递出四时变化的信息，稻、
鱼、虫、鸟的关系创造着微妙的食物链平衡，

下图：集群飞翔的小天鹅，很多鸟类在迁徙时都会集群飞行，排成这种"V"字形的队伍。这是一种非常"节能"的飞行方式，
排在最前面的鹤往往是鸟群中最强壮的成员，它在前面扇动翅膀，划开空气，产生上升的气流，同时为后面跟随的鹤减少
空气阻力，跟随的鹤能够借助这种上升气流的力量飞行，大大节约了飞行消耗的能量。

上图：在鄱阳湖越冬的白鹤群体，其中褐色羽毛的，是还未成年的亚成体白鹤。

水田中的满江红、禽畜的粪便都能让水稻更苗壮地成长……所有这些对自然的认知，都成了农耕中世代积累的智慧，保障着人们自给自足的生活，也塑造着古人的自然文化。人们崇拜自然力量，对力大无穷、献身农耕的牛推崇备至；人们在自然风物中寄托人文情怀，以天鹅比喻高远之志，以鹤抒发高洁雅怀，将双飞的燕子视作美好婚姻的象征……在这些文化意象中，我们能感受到古人与自然的频繁互动。古人眼中的那些生灵，在我们现代人周围似乎不那么常见了。像白鹤这样的众多野生动物，都面临着与人类在空间和资源上相互竞争的压力。庆幸的是，我们已经意识到保护自然、守住生态底线的重要性，我们正在不断努力，通过采取正确的保护措施，让更多的动物得到良好的保护，让人类与自然和谐共处，让那些美丽的生灵在这片土地上繁衍生息。

第二章
云翔天边

翻滚的云层之下，是中国西南边陲的重要省份——云南。这是一个神秘而又传奇的地方：奔腾不息的河流，世界上最古老的雨林，隐秘幽深的峡谷，古怪而奇特的生灵，以及多姿多彩的少数民族……为什么在云南热带以北的地区，会有如此生机勃勃的雨林？为什么在这崎岖的地貌环境下，孕育着中国最为珍稀的自然资源？让我们在接下来的旅程中，去解答这些疑问。

生命之源

傣族人在云南的河谷中，已经生活了两千多年，他们自称是"水的民族"。在傣族的传说中，傣族祖先原本居住在青藏高原三江源头的原始森林中。随着人丁不断的繁衍，为了生存和发展，傣族先民走出原始森林，顺金沙江、澜沧江、怒江三江水南下，寻找新的家园。沿金沙江迁徙的一支族群被急流险滩阻隔，只好另寻路线，后来他们发现了元江、红河。沿江河迁徙的先民逐渐在两岸临水而居，如今，金沙江、澜沧江、怒江和红河流域是中国傣族最主要的聚居区。

大河是傣族人繁衍生息和文化传承的灵魂。水，无疑是吸引傣族先民落脚安居的重要资源，傣族村寨的选址依着"先有水沟后有寨""建勐要有河与沟"的原则，傣族与江河水紧紧相依，形成了一种"无水之平川没有傣族，有水之河谷必有傣家"的格局。傣族对水的依赖，源自水对傣族的滋养：有水才能浇灌水稻，有水才能有鱼，才能养活人。在炎热的天气，有水才能洗濯，才能清洁。傣族靠水生存，与水结缘，在与水的交往中，也形成了善用水的本领：傣族人修筑沟渠系统灌溉稻田，习水性善用舟船。因为懂得"有林才有水"的道理，傣族人不仅像保护生命一样保护着水，也保护着涵养水源的林箐。

对傣族人来说，水是一种财富，不仅仅是其物质生活的来源，也是其精神和文化的支柱和源头。在傣族的创世神话中，水是整个世界的源头——"水诞生，世形成""水创世，世靠水"。傣族人崇拜水，水是圣洁、美好、吉祥的象征。水能洗去污秽和不祥，带来平安和

下图（上）：傣族自称"水的民族"，以善用水著称，修筑沟渠、水车等设施用以灌溉和满足生活用水的需求。

下图（下）：傣族不仅善于用水，也有长期与洪水抗争的历史，傣族人的吊脚楼底层悬空，这样能够减少洪水对房屋的破坏。

后页：西双版纳澜沧江畔的佛教寺庙。傣族信奉南传佛教，几乎每个村寨都有寺庙。

幸福。傣历以 6 月为岁首，正如汉族万象更新的春节，在这里，6 月是雨季来临，万物生发的时候，人们也开始为农事劳作。在新年伊始的这个古老节日中，人们首先从江河中取水，把水带到寺院，为佛洗尘，向神祈福家园平安，感恩母亲河的滋养、大地的恩赐。随后，人们将水泼向身边的人，期望来年风调雨顺，期望水为人们带来好运。这个节日，也因此被称为"泼水节"，这场泼水的狂欢，把傣族人对水的情感表达得淋漓尽致。如今，傣族人的生活虽然已城市化和现代化，但他们认为传统文化是民族的根，泼水节不会因时光飞逝而被遗忘。

　　水是生命之源，不仅养育了傣族儿女，更

右图：泼水节，人们互相泼水狂欢，相信水会为被泼到的人带来好运。

下图：傣族男性在泼水节跳起象脚鼓舞。傣族是能歌善舞的民族，节日庆典活动少不了民间艺术，象脚鼓击打的节奏是其中必不可少的伴奏。象脚鼓因形似象脚而得名，在西双版纳，傣族男性无论老幼都会跳象脚鼓舞。在象脚鼓的鼓腰处系上彩带，挂在舞者的左肩，舞者边击鼓，边甩胯、抬脚舞蹈，双膝交替直曲，带动身体上下起伏，节奏欢快热烈。

上图：铓锣是傣族节日庆典中另一种常用的打击乐器，除傣族外，铓锣在佤族、拉祜族、哈尼族等少数民族中也很常用。铓锣的锣面中心有一个半球形的凸起，演奏时用锣槌击打凸起的最高处。可以单个演奏，也可以将一组铓锣组成图中这样的排铓演奏。

前页：能歌善舞的傣族人。

造就了云南的自然面貌。水与温度、地形等自然因素一起在云南这片土地上编织出了丰富多彩的景观和动植物乐园。云南西北，高山雪峰林立，冷杉林在高海拔的冷湿气候中诉说着生命的顽强，冷杉高耸如塔，与林下的杜鹃交相辉映。而在云南南部，来自印度洋的西南季风带来了丰富的降水，季节性雨林在湿热的河谷盆地中演绎着生命的蓬勃，高低错落的植物挤满空间，纵横交错的藤蔓在林中时隐时现，巨大的板状根支撑着乔木参天的身躯，树冠伸展犹如一柄柄撑开的伞。接下来，我们将沿着横断山脉一路向南，去探访云南多姿多彩的神奇生物和古老民族。

横断山脉

　　青藏高原的东端，原本东西走向的山脉突然间改变了方向，一系列南北走向的山脉横亘在青藏高原与川滇之间，隔断了东西方向的路，因此这些山脉被称为横断山脉。这里是云南海拔最高和最险峻的地方，也是中国地势阶梯的分界线：向西是处在中国地势第一阶梯的青藏高原，向东是处在第二阶梯的云贵高原。曾经，青藏高原和横断山脉都是一片汪洋，后来北上的印度洋板块与欧亚板块相撞，板块间碰撞挤压的强大力量使海底的地壳逐渐抬升，最终海洋在这里消失，在印度与西藏的交界处，形成了高大的喜马拉雅山脉。南北方向上的挤压力量，使大陆物质向东西两端移动，在东部受到了欧亚板块的抵抗，两股对抗的力量让原本东西走向的山脉被迫扭曲，顺时针旋转了约90度，伴随着强烈的褶皱变形，一系列南北走向的紧凑山脉逐渐形成，这就是横断山脉。从古生代到第四纪，从沧海到山巅，亿万年的地质演化

下图：梅里雪山。

过程，都镌刻在了横断山脉的山石间。

　　强大的自然力量造就了横断山脉气势磅礴的景观，雪山连绵，高耸入云，峡谷深切，河流密布。这里拥有世界上挤压最紧、压缩最窄的巨型复合造山带，金沙江、澜沧江和怒江在崇山峻岭之间并行流淌，形成了三江并流的地质奇观。东侧的金沙江与西侧的怒江，最窄处仅相距60千米，地质学家称这里是横断山脉

的"蜂腰"，仿佛一捧高山深谷组成的花枝在这里被束起。三条大江在群山间或奔腾咆哮，或蜿蜒流淌，或如猛虎跳涧、穿云裂石，或如游龙行空、荡气回肠。

　　三江并流的区域，孕育了无数令人赞叹的珍奇生物。就在"蜂腰"之南的云岭山脉，金沙江和澜沧江之间狭长地带中，生活着一种珍稀的猴子，那就是即将出场的滇金丝猴。

下图：地图中青藏高原南缘白色覆盖的东西走向山脉是喜马拉雅山脉，东端转为南北走向的即使横断山脉，图中可见几条南北流向的大河分布在横断山脉间，这种山河相间、高山夹持深谷的地形，是横断山脉典型的特征。

下图：横断山脉的最高峰——卡瓦博格峰，峰顶出现了美丽的旗云。旗云是一种在地形影响下产生的云，气流沿着迎风坡爬升，在高处遇冷凝结，一部分凝结的水汽在背风坡汇集，并在高空气流的带动下形成顺风摇曳的旗状，这种现象常发生在冰雪覆盖的孤立山峰。

下图：位于川滇交界区域的金沙江第一弯。

下图：金沙江虎跳峡。

滇金丝猴

　　居住在云岭山脉的傈僳族人认为滇金丝猴是自己的祖先，叫它们"山中野人"。这种猴子或许的确是与人类长的最像的猴子了。它们肉粉色的面庞上，没有典型的大圣牌"雷公嘴"，脸看起来比很多其他的猴子和猩猩更平。它们还有一副性感的红唇，除了人类之外，能在动物界找到的红唇大概就仅有滇金丝猴和它的"近亲"——越南金丝猴了。不过它们的鼻子就与人类大相径庭了，滇金丝猴的鼻子鼻骨已经退化，狭长的鼻孔向上。事实上，滇金丝猴所在的属——仰鼻猴属，正是由此命名，这个属中的所有成员都有这样的"朝天鼻"。那么问题来了，向上的鼻孔，不怕下雨吗？更何况，滇金丝猴生长的地方，一年有三四个月的雨季，一到雨季常常一连几天阴雨不断。它们可不怕这个，它们突出的额头和头上浓密的毛可以用来挡雨。说到毛，滇金丝猴全身的毛色其实跟金色没有半点关系，它基本上是黑白的。仰鼻猴属的所有猴子都被叫作金丝猴，是因为它们中最早被发现的川金丝猴是名副其实的有一副华丽的"金身"。

　　云南的山峦大都地处偏远，崎岖的地形更是让人望而却步。滇金丝猴常年生活在海拔3800米到4300米的冷杉林中。这个海拔高度除了滇金丝猴和人类，再没有别的灵长类动物能生存了。这里空气稀薄，而且气温最低时，能降到-40℃，滇金丝猴不像生活在雨林中的

上图（上、中）：下雪时，滇金丝猴安静下来，等待雪停后再觅食活动。滇金丝猴生活在高海拔山地中，它们能够适应栖息地的低温和食物缺乏的生存环境。

上图（下）：松萝是滇金丝猴主要的食物，这是一类地衣，通常固着在裸子植物上生长。

后页：川金丝猴。（王志忠 摄）

灵长类有那么多果子可吃，生活在高山针叶林或针阔混交林里的滇金丝猴，最常吃的食物是松萝。松萝是一种挂在树上生长的地衣，远看像树上垂下来的线帘，因为常常挂在松树之类的针叶树上，所以得了"松萝"这个名字。松萝在滇金丝猴生活的冷杉林里很常见，而且四季都有，可以说是最容易获得的食物，但它品质却不高，是一种低营养、低热量的食物。有些滇金丝猴生活的林中高品质的食物不多，所以，松萝在它们的食物里占的比例就大些，据称有的种群90%的食物都是松萝。而有些滇金丝猴种群生活的地方，植物种类比较丰富，它们取食松萝的比例就会比较低，但仍然会占到约50%。

对于滇金丝猴来说，吃什么是大事，如果解决不好这个问题，可能会于性命有碍。春夏季节，嫩芽嫩茎和花很多，天气暖和，猴子们的活动量也会增加，会去取食高质量的食物；秋天有美味而且能量高的果实和种子；冬天可就麻烦了，不但食物少，天气还很冷。当遇到食物匮乏的情况时，有些动物可以选择扩大搜寻范围，虽然这也意味着消耗更多的体力，不过只要找到的食物足够弥补寻找食物的体力消耗，也不至于"入不敷出"。可是这种策略并

左图：滇金丝猴并没有像川金丝猴那样的金色毛发，体色以黑白两色为主，背部、四肢侧面、手足和尾部是灰黑色，面颊、耳、颈侧、腹部和四肢内侧是白色。滇金丝猴的尾巴很长，这是典型树栖灵长类的特征。滇金丝猴能够在树冠层灵活地攀爬跳跃，尾巴在活动中起到了保持平衡的作用。（王志忠 摄）

不适合滇金丝猴，除了饥饿，它们还要抵御暴雪和严寒。为了维持能量的收支平衡，它们选择了另一种策略——多吃少动。反正松萝很容易找到，不需要把大量能量花费在觅食上。松萝可以果腹，成熟的叶子也可以充饥，这些食物能提供的热量少，它们就尽量多吃。除了吃以外，它们把大量的时间用在休息上，同一个家庭的猴挤在树枝上相互取暖。总之，滇金丝猴的生存策略就是吃低热量但容易得到的食物，同时降低自身热量消耗。

　　跟黑叶猴和黄山短尾猴一样，滇金丝猴也是集群生活的动物，不过它们的群体结构更复杂些。一个滇金丝猴群体有几十甚至上百个个体，群体拥有多层结构，大群体又由众多小群体组成。其中的一个小群体全部成员都是雄性，被称作"全雄群"，或者"光棍群"。其他小群体则是"家庭群"，由一个成年雄性、多个成年雌性和它们的后代组成。全雄群是个流动性很强的群体。全雄群中那些年富力强的雄猴，会伺机向家庭群中的主雄发起挑战，如果挑战成功，它将成为家庭群中的新主雄，拥有自己的"后宫"，而失败者就会流入全雄群。每个家庭群中的雄性后代成年后，都会离开出生群，进入全雄群。这些进入全雄群年轻雄猴，待日后年富力强时，也有通过挑战家庭群中的主雄，夺取自己的"后宫"的机会。

　　每个家庭群中的主雄在大群中有不同的等级地位，主雄地位高的家庭，在大群体中能获得更多的资源，比如优先取食的权利。合作和

右图：怀抱幼崽的雌性滇金丝猴。（王志忠 摄）

竞争，是群居动物的群体中永远的主题。有组织的行动往往比单打独斗更有效，所以各个家庭群在大多数时候都和平共处、互不侵犯，在觅食、防御等方面友好合作。合作是为了生存，而竞争也是为了生存。群体里的序位不断更替，地位的变更基本靠打架决定，群体中更强壮的猴子能获得更多的资源，比如食物和交配权，这种竞争能够保证后代优良的基因和种群长久的生存。滇金丝猴群体的这种多层结构，是灵长类动物中最复杂的群体组成形式。也许正是严酷的生存环境催生了如此庞大复杂的群体，小群体出于觅食、防御和躲避敌害的需要而组成大群，群体规模的扩大进而带来了复杂的群体关系，以此维持群体的秩序和稳定。

滇金丝猴对生活环境的适应特征还有很多：比如它们的鼻子中鼻骨退化，这样的结构被认为能够减少空气进入的阻力，更好地在空气稀薄的高原摄取氧气。再比如，有研究发现，滇金丝猴基因组中 2/3 与味觉相关的基因都失去了功能，但一些可能参与感知植物气味的基因却经历了快速进化。它们基因组中一些跟心脏功能、DNA 修复和呼吸过程有关的基因发生了独特的变异，这些变异很可能是它们适应环境的遗传基础中的一部分。其中与 DNA 修复相关的变异，可能是它们能够很好地抵御高原强紫外线照射的原因之一。

为什么滇金丝猴不生活在低海拔的丛林里，而要选择这样的生存环境？最初，可能是

前页：滇金丝猴拥有粉色的面庞和深粉色的嘴唇，头顶有竖起的毛冠。

青藏高原和横断山脉的隆起带来的山川阻隔，将金丝猴的祖先分割成了局限在不同区域内的群体，彼此失去了基因交流。而那以后的气候、地形、植被等环境条件的变化，塑造了这些群体的进化，滇金丝猴就在这些进化过程中产生。尽管这个问题没有确定的答案，但可以确定的是，滇金丝猴是高度适应它们生活环境的物种。或许应该说，并不是滇金丝猴选择了这样的生存环境，而是环境"选择"了滇金丝猴。

小熊猫

在高山之上的滇金丝猴，并不是唯一生活在这里的神奇动物。与滇金丝猴一样，小熊猫也是横断山脉的"居民"。现在人们说起"熊猫"，包括英文中的 panda，通常指的是大熊猫，但这个名字最早是属于小熊猫的。小熊猫在 1825 年被法国动物学家弗雷德里克·居维叶命名——此处写全名是因为他同为动物学家的哥哥乔治·居维叶实在太有名了（法国博物学家，古生物学的奠基人）。因为觉得小熊猫长得像猫，命名者给了小熊猫这样一个拉丁文学名——*Ailurus fulgens*，前一个词来自古希腊语的"猫"，后一个词来自拉丁语的"鲜艳的"。

与大熊猫相比，小熊猫的确更像猫。小熊猫体型与家猫相仿但稍肥大，体重一般 5 千克左右。小熊猫身体背面一侧红褐色，因此英文中也叫红熊猫（red panda）；四肢和腹面全黑，这样的色调可能有利于它们树栖时的隐藏，一团漆黑的颜色反射的光线较少，与周围树叶遮

挡阳光的环境类似，从而不容易被低处的天敌发现。它们的尾巴很长，几乎与身体等长，因为尾巴上的道道浅色环纹，得了个俗名"九节狼"。小熊猫很善于爬树，这是它们躲避敌害的技能，长长的尾巴可以帮助小熊猫在攀爬中保持身体的平衡，冬天还可以用来盖在背上保暖。小熊猫有两个亚种，生活在中国西藏和尼泊尔等地的指名亚种和生活在四川等地的川西亚种，后者额头部分的毛色比前者更深，脸上的白色斑纹显得更有对比度。

　　在强有力的分子遗传学证据支持小熊猫与鼬类的亲缘关系更近之前，曾经有人认为小熊

下图（上）：小熊猫善于攀爬，遇到危险时，它们能迅速爬上高高的树枝躲避敌害。

下图（下）：小熊猫的大尾巴上有一圈一圈的环纹，小熊猫的俗名"九节狼"就得名于此。脚底厚密的绒毛，使它们能在林下湿滑的苔藓地或岩石上行走。小熊猫晨昏活动，白天常以树木浓密的枝叶为遮挡，躲在树枝上休息，有时像这样四肢下垂趴在树枝上。

上图（上）：小熊猫的四肢和腹面是黑色，这样的体色可能有利于它们在树上隐蔽自己。

上图（中、下）：小熊猫两个亚种的面部斑纹有一些差别，川西亚种（下）额部颜色比指名亚种（中）更深。

猫应该与大熊猫归为一科，这很大程度上是因为小熊猫与大熊猫有很多趋同进化的特征。所谓趋同进化，是指亲缘关系较远的物种，因为生活在相似的环境中而进化出了相似的特征。在四川，小熊猫与大熊猫有很多重合的分布区，它们生活的山林中有丰富的竹子可供食用。小熊猫的口味与大熊猫十分相似，它们都几乎只吃竹子。尽管都是"素食者"，但它们都属于食肉目，由各自食肉的祖先进化而来。从吃肉到吃竹子，它们进化出了很多相似的身体结构和生活习性。

植物性食物的纤维素和半纤维素含量很高，非常难以消化，食草动物的肠道长度往往能达到身体长度的 10～20 倍，食物在肠道中停留的时间更长，这有利于它们从食物中吸收更多的营养物质。大熊猫和小熊猫作为肉食动物的后代，保留了肉食动物比较短的肠道，只有身体长度的 4～5 倍，食物在肠道内的停留时间远低于食草动物。不过它们也像食草动物一样，借助肠道中能分解纤维素的细菌帮助消化。除了难消化，竹子能提供的营养和能量也非常有限。大熊猫和小熊猫的基因组中，有一些与增强营养物质吸收利用相关的基因，或许可以解决一部分问题。

小熊猫和大熊猫都不冬眠，一方面是因为四季都有食物，更重要的是，竹子这种低能量的食物，无法让它们储存起足够支撑一个冬季的厚厚的脂肪层。除了繁殖期间，它们都独居，可能是食物随处可见并不需要结伴寻找。它们过着活动和休息交替的生活，白天和夜间都有活动，这可能与一次进食提供的能量有限有关。它们还有一个共同的特点：体内感知肉的鲜味的感受器，都因为基因突变失去了作用，长期吃素的它们都已经"不识肉味"。

大熊猫和小熊猫都配备了非常适合吃竹子的身体结构。头骨和牙齿非常适合咀嚼和磨碎

下图（左）：尽管小熊猫吃竹子，但仍然是肉食动物，它们锋利的牙齿能干净利落地咬断竹枝。

下图（右）：小熊猫与大熊猫都拥有一根由腕骨进化来的"伪拇指"，能够实现抓握，这让它能更高效地吃竹子。

上图：与大熊猫不同，小熊猫偏好的栖息环境中常常有很多倒木。

竹子；除此之外，前爪都有六根手指，准确地说，是五根手指和一根由一截腕骨进化而来的"伪拇指"。这截腕骨附近相应的肌肉也产生了变化，能带动这根拇指向另外五指靠近，于是它成了一根拥有抓握能力的"拇指"。人类的拇指可以灵活地使用工具和玩手机，就是得益于这种抓握能力。但这种能力在动物界，尤其是灵长类以外，可是不多见的，很多动物拿东西都是靠双手抱住，但大、小熊猫们可以用一只手灵活地拿住竹子啃食。这对它们来说有非凡的意义，因为竹子能量不高，它们需要大量进食，有了这种能力，它们可以大大提高取食效率，降低取食过程的能量消耗。

小熊猫和大熊猫毕竟在体型等方面有很大差别，它们也有很多不同的习性。比如小熊猫一般只吃竹叶和竹笋，对食物的消化程度相对较高，用更多的时间休息，保持非常低的代谢率；大熊猫可以吃竹子的每一个部分，但对食物的消化程度比较低，进食的时间更长。大熊猫通常在较缓的山坡活动；而小熊猫生活的区域通常坡度更大，有较多的倒木和树桩，它们常常以这些倒木和树桩为支撑取食高处的竹叶。这些不同的习性，让小熊猫和大熊猫依赖不同的生存资源，因此在同一片空间里生活的大、小熊猫之间并没有激烈的资源竞争。

动植物王国

在横断山脉，从海拔 760 米的怒江河谷，到 6740 米的卡瓦博格峰顶，海拔落差近 6000 米。峰谷之间的气候，仿佛将漠河到海南的广阔地域，浓缩在垂直地带上，可谓"一山有四季，十里不同天"。这里云集了相当于北半球亚热带、暖温带、温带、高山寒带等多种气候类型，为适应不同气候条件的动植物创造了生存条件，使这里成了亚欧大陆生物群落最丰富的地区，北半球除沙漠和海洋外的所有生物群落类型，都能在这里找到。

两百多万年前，地球进入第四纪，冰川运动致使气候整体向变冷的方向发展，并伴随着数次剧烈的冷暖波动。冰期时气候变冷，喜温动植物的分布向南退却；间冰期时气候变暖，喜温动植物的分布区向北扩张。在冰期，尤其是寒冷达到顶峰的盛冰期，恶劣的气候条件给很多动植物带来了生存灾难，但在一些区域，动植物能够得以存活，这些区域便被称为生物的冰期"避难所"。由于特殊的地理环境，横断山脉中一些地区受冰期的影响很小，成了动

上图：春天的横断山脉。

植物理想的避难所。众多在第三纪甚至更早就已经存在的古老的物种，得以在第四纪冰期幸免于难。冰期之后，避难所成为幸存物种重新分布的起源地，横断山区因此成为亚欧大陆主要的物种分化中心和起源中心。如果不同避难所之间存在高山、大河等地理屏障，使动物迁徙和植物传播无法跨越，这就形成了地理隔离。不同避难所有不同的自然环境，原本相同的物种在不同的避难所中，受各自环境的影响向不同方向演化，地理隔离的存在使得这些有差异的群体间无法进行基因交流，差异的特征长期积累，这种差异达到一定的程度，新的物种便形成了，或者说，原本的祖先物种产生了分化。横断山脉复杂的地理环境，使这里成为新生代以来，亚欧大陆生物物种分化最剧烈的地区，也是世界上生物多样性最丰富的地区之一。共有一万八千多种植物在这里生长，其中三千多种是在这块土地上独有的。

喜温生物和耐寒生物在这里并存，原始类群与进化类群在这里混生，横断山脉是动植物

上图：横断山脉多姿多彩的植物。

的王国，也正是因为如此突出的生物多样性资源，让这里成了一个"猎场"。

"猎捕"狂潮

之前提到的黄嘴白鹭、斑鳖和小熊猫有个共同点，就是它们都是由西方学者首先采集、描述和命名的。事实上，中国的很多物种跟它们一样，最早的研究都来自西方学者。

18世纪伟大的博物学家卡尔·林奈将分类学带入了一个新的纪元。中国的很多物种都是由这位大师命名的，然而他却从未到过中国，曾为斑鳖命名的英国动物学家格雷也一样未到过中国。像这两位这样的西方学者还有很多，他们在自己的国家坐拥世界各地的动植物标本，这些海量的标本是他们开展研究的重要依据。而这些标本的来源，则是西方国家散布在世界各地的采集者。这些采集者的身份各异，博物学者、考古学家、探险家、传教士、外交官、军人、商人、标本贩子……各行各业的人都在动植物采集中贡献着力量。

在林奈的时代，这种采集还是少数人自发性质的行为。19世纪之后，园艺的盛行、博物学的进一步发展等原因，使得西方社会渴望得到来自全球各地的物种资源，一些有经济或研究价值的物种尤其受到关注，如稀有的园艺植物和未被记录过的新物种。西方各国开始了有计划有组织的采集活动，采集者常常受命于植物园、博物馆等相关机构。例如当时法国的很多教会人员，在从事传教活动的同时进行采集工作，成为法国动植物采集中的一支重要力量。大名鼎鼎的大卫神父（中文名谭卫道）就是其中的典型代表，他是神职人员，也是训练有素的博物学家，他是最早发现大熊猫、川金丝猴、麋鹿等一大批物种的西方人，他的工作使这些物种第一次被科学界知晓。到了19世纪末，长江流域的进一步开放，加之与中国接壤的缅甸、越南成为英法的殖民地，西方的采集活动进一步深入中国西南腹地这片动植物的"乐土"。英国园艺学家欧内斯特·威尔逊就是其中最成功的植物采集者之一。他曾受命于著名的英国邱园，来中国寻找采集适合在英国种植的观赏园艺植物。威尔逊曾四次来到中国"猎捕"，每次都收获颇丰。绿绒蒿、月季、猕猴桃、报春花、百合、杜鹃和有植物"活化石"之称的珙桐等一大批植物都经威尔逊之手带到了西方。威尔逊将中国称作世界"园艺之母"，坦言"在整个北半球温带地区，没有哪个园林不栽种源自中国的植物""如果没有中国的舶来品，我们的园林植物资源将是何等可怜"。威尔逊从中国带回西方的植物，成了西方园林植物的重要组成部分，因此，他被西方人称为"打开中国西部花园的人"，还有了一个绰号"中国的威尔逊"。像威尔逊这样，以植物为"猎捕"目标的探险家，被称作"植物猎人"。他们就像园艺界的"哥伦布"，带着敏锐的园艺嗅觉，游走在世界各地，去发现那些有园艺潜力的奇花异草，把它们带入西方的园林之中。

西方人的采集活动简直可以用狂热来形容，动植物标本和种子等源源不断地来到西方各国的博物馆、科学院、动植物园等机构中。

显然，仅仅是科学家们自己可没有这么大的能量，推动如此大规模的采集热潮。西方园艺学的繁荣，使得园艺界希望引种来自世界各地的园艺植物；博物学的发展，使得科学家们希望得到来自世界各地的研究材料，这确实是其中的原因。但不可否认的是，这些采集活动，是在西方殖民主义的背景下展开的。这些动植物"猎人"，就如同考古界的斯坦因、斯文·赫定和保罗·伯希和。正像这几位考古学家从中国带走了大量文物一样，动植物"猎人"们的采集，很难说不带有资源掠夺的意味。他们非常看重有经济价值的植物，他们带回西方的茶、柑橘、猕猴桃、月季等植物，为西方国家带来了巨大的经济利益，甚至"决定性地改变了世界范围内的工业"，同时也推动了中国的对外

下图：珙桐是中国特有的植物，第三纪时曾广泛分布于世界许多地区，在后来的第四纪冰川期，世界上绝大多数地区的珙桐消失，只有少数在中国南方的一些"避难所"中幸存下来，成为存活至今的植物"活化石"。珙桐开花时乳白色的苞片随风飘动，犹如白鸽展翅，素雅美丽，因此又被称为"鸽子树"。

上图：一种绿绒蒿。绿绒蒿是罂粟科绿绒蒿属植物的统称，这个属包含49种，除极少数分布在欧洲外，其他均分布于喜马拉雅和横断山脉地区。中国有38种绿绒蒿，尤其以云南、西藏的绿绒蒿资源最为丰富。绿绒蒿因为花大而艳丽，色彩丰富，成为著名的观赏花卉。

贸易从贸易顺差转变为了贸易逆差，陷入了更深的困苦之中。然而这些采集活动也发挥了它们积极的作用——中国的动植物物种和驯化品种得到了广泛的推广和保存。这些标本也极大地推动了近代生物学的发展，带动了中国近代生物学的兴起和进步。

除此之外，这些"猎人"们还用他们的相机和笔记录下了一大批他们沿途的见闻，这些珍贵的影像和文字资料，是研究当时的人文历史的一座宝库。正是在这方面突出的贡献，让约瑟夫·洛克在众多"植物猎人"中显得尤为独特。

从"植物猎人"到"纳西学之父"

约瑟夫·洛克是美籍奥地利人，他是探险家、语言学家、植物学家、人类学家、地理学家……拥有如此多的头衔，洛克的生活犹如电影《夺宝奇兵》的主人公印第安纳·琼斯那般多彩。

在洛克来中国之前，他居住在美国夏威夷，在那里他凭着惊人的自学能力和语言天赋，先后靠自学掌握了包括汉语在内的9种语言和植物学知识，还谋得了夏威夷大学植物学教授的职位。38岁时，他受美国农业部之托，远赴缅甸寻找被认为能治疗麻风病的大风子树的种子。来到亚洲的洛克得知中国西南的树种更加丰富，于是从缅甸北上云南。中国西南是个生物王国，洛克在中国仅仅一年时间，就收集到植物标本六万多份，鸟类和兽类标本一千六百多份。

洛克在云南的大本营设在丽江，他在那里接触到了纳西文化，并很快被这种古老文化的强大魅力所吸引。为了能够获得资助前往纳西传说中的神山贡嘎，他将自己的见闻反馈到美国。得到洛克对中国西南植物情况的汇报后，美国农业部欣然同意他继续在中国考察。他提供的有关纳西族的照片和录像，则让美国《国家地理》杂志社向他伸出了橄榄枝，为他提供资金、设备，支持他在西南地区的探险。

洛克在丽江招募建立起了一支由纳西族武

上图：约瑟夫·洛克

士组成的探险队伍，他深知去亚丁并不是那么容易：沿途地形艰险，天气反复无常，毒蛇猛兽时常出没；而且，从丽江前往亚丁的中途，会经过木里王国，那里土匪横行，武士勇猛好斗，凶残异常，除非得到当地人的支持，否则必会葬身其中。为了前往亚丁，我们这位探险家发挥出他令人惊叹的社交技能：他首先结交

下图：这两张图都是洛克拍摄的植物，这些照片采用早期的玻璃板相机拍摄的，拍摄时将感光材料涂在玻璃板上作为底片。这些照片本来是黑白的，经过上色处理，照片中这些植物原本的色彩重新展现出来。

上图（上）：洛克拍摄的照片，其中包括鸢尾属（蓝紫色花者）和大黄属（淡黄色塔状者）的植物。大黄属植物主要分布在高寒山区，黄色尖塔状的部分是它们的花序，外面淡黄色的结构是苞片，苞片里包被着植物的花，这样的结构能够防止花遭到冻害。

上图（下）：横断山脉的杜鹃。

了领地在丽江与木里之间的永宁土司，并通过这位土司的关系结交了木里王。接着用西方的新鲜事物打动了这位与世隔绝已久的统治者，使木里王修书给贡嘎地区的匪首，请求他支持洛克的考察活动。就这样，洛克得以到达他梦寐以求的亚丁，此时离他来到中国，已经过去了5年。

　　贡嘎的美深深震撼了洛克，他在日记中称这里为"神仙的花园""无人知晓的胜境"。洛克将探险过程中写下的游记和拍摄的大量照片寄回美国，美国《国家地理》杂志刊登了他的文章，这让洛克名声大噪。他所拍摄的那些异域风情、原始部族、壮美的雪山和从未见过的动植物，让美国读者耳目一新。美国作家詹姆斯·希尔顿正是从洛克的见闻中获得了灵感，创作了畅销一时的长篇小说《消失的地平线》。小说中塑造的群山之中的世外桃源——香格里拉，也随着小说和同名电影的走红而家喻户晓，引发了后世很多人来到中国寻找梦中的香格里拉。

　　洛克在探险的同时，对纳西族的文化和信仰也有了更深入了的了解，他开始学习纳西族的东巴文字，并研究纳西族的历史。随着研究的深入，洛克发现西南地区山高水深的地理环境，让纳西族长期与世隔绝，因而也保存下了千年未变的古老习俗。他也越来越感觉到，随着社会的发展，自然山川的屏障将不再难以逾越，纳西族封闭的环境将被打破，这些古老的文化必然会慢慢消失在历史的尘埃中。洛克知道，历史的潮流是无法阻挡的，唯有尽其所能研究和保存下纳西族文化的珍贵资料，才能让它们永留于世。洛克从此开始潜心研究纳西文化，然而靠发行量为生的美国《国家地理》杂志社，拒绝为他的纳西学研究提供资金支持，洛克其他的资助方也在经济危机的影响下结束了与他的合作。洛克失去了经济来源，他毅然变卖家产，把自己的所有积蓄都投入到了纳西学研究中。

　　在洛克的年代，地理大发现的余温已经渐

渐散去，然而填补地图中的空白区，仍然是一部分探险家的野心所在。尽管洛克不是第一个到达西南地区的"猎人"，但他所经过的一些地区，在地图中仍然是空白。洛克也曾绘制过这些区域的地图，但是因为"路子太野"，被美国国家地理协会嗤之以鼻。洛克的确不具备基本的绘图知识，从这方面来说，"地理学家"这个头衔似乎不很名副其实。但洛克是个名副其实的地理开拓者，他对中国西南地区地形、气候、生物资源和民族历史的了解，超过了当时西方的地理学家们。他走过的线路，现在仍然为"驴友"们所热衷，然而即使在现在，走"洛克线"也绝非易事。当年，洛克以人畜之力走这条线路的难度，需要的勇气和胆识可想而知。第二次世界大战期间，因为洛克对中国西南地区的了解，他曾回到美国，参与盟军重要的空中通道——驼峰航线的绘制。

晚年的他穷困潦倒，但为后人留下了《纳西语英语百科辞典》《中国西南古纳西王国》等纳西学巨著和数千卷纳西东巴经书，他本人也被称作"纳西学之父"。

与很多探险家一样，洛克恐怕也是抱着追名逐利的目的来到中国的。但同时他也有这些探险家们所共有的执着和坚韧，无论是威尔逊、斯文·赫定，还是洛克，都有对自己所研究的领域忘我的热爱，他们在险象环生的高山深谷中、原始丛林中、大漠戈壁中苦苦追寻，甚至把生命都托付给了事业，这种精神不是简单的追名逐利可以解释的。洛克照片中横断山区的山川

右图：神山贡嘎。

上图：香格里拉依拉草原。（王水林 摄）

前页：香格里拉市小中甸镇，图中晒青稞的木架是藏族村落中一道标志性的风景线。香格里拉市原名中甸县，是云南省迪庆州首府所在地。《消失的地平线》中的秘境香格里拉是一个虚构的地方，"香格里拉"在西方是世外桃源的代名词。小说中香格里拉的风景并非香格里拉市所独有，事实上，印度、尼泊尔、不丹等国都有被作为 "香格里拉"宣传的地方。中甸县在1997年更名为香格里拉县，这对当地的旅游业发展起到了极大的推动作用。从某种意义上说，香格里拉究竟在哪里并不重要，那些至美的自然景致、浓郁的民族风情和优越的生态环境带来的身心愉悦，才是人们真正向往的。（王水林 摄）

草木、风土人情，镜头下的普通纳西族人，虽然生活贫困，但神态却坚毅而乐观，让人感觉到这些穿越历史的鲜活画面，不仅仅是猎奇那么简单，其中包含了拍摄者们的人文关怀，这让他们留下的影像，更加弥足珍贵。

怒江

横断山脉复杂的地理环境不但造就了丰富的动植物物种，同样孕育了多元的民族和文化。前文我们提到傣族先民自北方沿三江水而下，进入横断山脉南部繁衍生息。傣族先民走过的迁徙路线，是山河相间的横断山脉地区众多南北通道中的一部分。横断山区自东向西的岷江、大渡河、雅砻江、金沙江、澜沧江、怒江六条大江在群山之间流淌，形成一条条纵贯南北的通道。很久以前，也许就像傣族的祖先一样，来自北方的先民，沿着这些通道顺流而下，寻找着栖身之所。久而久之，复杂的自然环境带来的地理隔离、气候差异引起了生产方式、生活习惯、语言文化等方面的分化，多姿多彩的民族就在这个过程中产生。今天，在这片"六江流域"区域中，居住着藏、彝、羌、傈僳、白、纳西、普米、独龙、怒、哈尼、景颇、拉祜等民族，其中多数民族使用的语言都属于藏、彝语支，因此费孝通先生称这一地区为"藏彝走廊"。这一区域的南部，则是傣族、壮族、苗族等民族杂处其间。

云南西北的丙中洛镇，是横断山区民族多样性的一个缩影，这里生活着怒、傈僳、藏、独龙等十多个少数民族。怒江在高黎贡山和碧罗雪山之间奔腾，穿镇而过，山高谷深，峭壁屹立，滩险流急，如一道天堑横在两岸之间，这条峡谷的阻隔，也许正是一种塑造多元文化的力量。

上图：怒江。（王水林 摄）

上图：独龙族的纹面女性。独龙族是生活在横断山脉地区的众多少数民族中的一个，独龙江河谷是他们主要的聚居区。独龙族是中国为数不多地保留了纹面习俗的民族，不过现在这种纹面仅在少数几位上年纪的女性中还能看到。关于独龙族女性纹面的原因，有不同的说法，在独龙族民间流传比较广的说法是，纹面是为了避免下游的傈僳族人对独龙族女性的抢掠。在过去，傈僳族曾溯江而上到独龙族聚落中劫掠粮食和女人，女性纹面破坏了原本的美，可以避免被抢，另外纹面就像一种族群标志，即使被抢也容易被找回来。

上图（上）：怒江峡谷，狂啸的江水与两岸的高山形成一道天然屏障。

上图（下）：山高谷深的地形中，山村依山势建在陡坡之上。

然而这种阻隔最终还是没能挡住人们来往交流的脚步。险峻的峡谷催生了一种独具特色的交通方式——溜索。一条绳索连接两岸，渡者以绳索系腰间，用凹槽状的硬木或竹质滑轮作为辅助工具滑向对岸。在如此狭窄而又陡峭的峡谷中，这种简易的渡江方式显得十分便捷。

在洛克来到云南探险的年代，人们过江使用的是传统的天然材料溜索，洛克的探险队就曾使用林中藤蔓制作的粗绳过江，并用牦牛油润滑吊索。但天然竹木材料制成的索和溜板并不很可靠，溜索可能断裂，溜板可能磨穿，需要经常修缮。洛克曾用摄影机记录下了他们溜索过江的全过程，这些影像中，就有探险队中的一头驴在过江时遭遇绳索断裂，落入江中的画面。

中华人民共和国成立后，用更可靠的钢索取代了藤索。怒江沿岸，至少架设了30条过江索道，帮助当地百姓渡江。这些溜索曾经是两岸百姓过江主要的交通工具，无论是人，还是牲畜、货物，都用溜索运抵对岸。每到赶集的日子，峡谷中的村民们带上猪羊、水果等货物，溜索过江，翻山越岭，赶往集市。集市就像一座"民族博物馆"，将两岸的十多个民族

上图（上）：溜索有平溜和陡溜两种方式：平溜即两岸溜索的高度相同，一根索可以往返，但后半段就不能借助重力自然下滑，需要用手攀爬；陡溜则不然，一端高一端低，两根索分别往返，全程可以借力，但接近终点时速度会非常快，人们需要像图中这样手握植物或布头之类的东西减速。

上图（下）：集市，赶集把怒江两岸的少数民族聚集在一起。

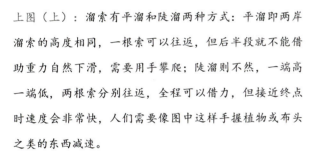

聚集在一起。

　　如今，溜索又逐渐被桥梁取代。桥梁成为主要的过江渠道，但一些溜索仍被保留下来，可供游人体验这种考验勇气的交通方式，也向人们诉说着关于溜索的往事和记忆。

上图：溜索曾经是当地人过江的主要交通方式，无论是人，还是牲畜、货物，都通过溜索抵达对岸。中华人民共和国成立后，天然竹木材料制成的溜索被钢索和铁质滑轮取代，但溜索仍然是一种考验勇气的交通方式，身下是滔滔江水，人在高空呼啸而过。

高黎贡山

越过怒江峡谷东，在咆哮的怒江与独龙江之间，纵贯六百多千米的狭长地带上，高黎贡山峥嵘屹立。从炎热的怒江河谷，到终年积雪的山顶，这里的平均高差达到 2500 米。在这种地形和气流的双重影响下，背风坡（东坡）的低海拔地带形成了干热河谷，耐旱物种发育，植被稀少疏离；而迎风坡（西坡）湿润多雨，尽管远离热带，却拥有热气腾腾的环境，喜湿物种在这里发育，植被茂密葱茏。整个高黎贡山，从南端到北端，从谷底到峰顶，从东坡到西坡，容纳了从热带季雨林，常绿阔叶林，稀疏灌丛，到草甸的丰富植被类型。

高黎贡山的四千多种高等植物中，有四百多种是这里的特有种。而杜鹃花科植物，分别贡献了其中的 178 种和 50 种。中国西南地区被认为是杜鹃花科植物的起源和分布中心，高黎贡山是其中最具代表性的分布区。杜鹃花无

下图：高黎贡山热带丛林，湿润的空气，使得树枝上布满了附生植物。

疑是最著名的园艺花卉之一，19 世纪到 20 世纪初的"猎捕"狂潮中，为西方园艺界寻找更多的园艺植物是最主要的动因之一，而对杜鹃花新种的需求，是其中的一个典型的代表。从中国引入西方的杜鹃花有数百种之多，这对西方园艺的影响是革命性的。西方学界对这些物种展开了全面的研究，同时经过培育和育种，在野生种的基础上，数以千计的杜鹃园艺品种被开发出来，流向世界各地，当然也包括中国。

下图：杜鹃的花通常成簇地聚在一起组成花序，排列在枝顶，色彩明丽，娇艳动人。花常呈漏斗状或管状，色彩丰富多变，常见火红、肉红、粉紫、淡粉、明黄、白色，等等，还有些品种花瓣上带有深色斑点。

上图：杜鹃属是杜鹃花科中最庞大的家族，全球有超过九百种，中国有五百多种，它们身姿各异，有的矮小成垫状，有的是丛生的灌木，而有的则像图中这种长成高大的乔木。

下图（上）：黄眉林雀

下图（中）：蓝喉太阳鸟

下图（下）：绿喉太阳鸟

如今世界园艺市场上的杜鹃花品种，很多都是源自中国的野生杜鹃花的后代。

英国"植物猎人"乔治·弗雷斯特以对杜鹃花的发现和收集而闻名。1904 到 1932 年间，他七次来到云南，并在中国发现了三百多种杜鹃花，其中两百五十多种是新种。得益于弗雷斯特的工作，他的雇主英国爱丁堡皇家植物园成为世界上栽培杜鹃花种类最多的植物园和世界杜鹃花卉的研究中心。这里的杜鹃花收集中有三分之二原产于中国，一些物种如今在原产地也已难觅踪迹。高黎贡山地区是弗雷斯特主要的活动区域之一，他在这里发现了色彩缤纷的各种杜鹃属植物。例如杜鹃花中的"王者"大树杜鹃。从矮小的灌木到高大的乔木，不同

下图（上）：纹喉凤鹛

下图（中）：黄颈凤鹛

下图（下）：斑胁姬鹛

种类的杜鹃千差万别。而大树杜鹃，是世界上树型最大、花朵最大的杜鹃。在高黎贡山发现的一棵树高二十多米、基部直径约 3.3 米的大树杜鹃，被誉为"杜鹃王"。每年春天，杜鹃花染红了整个山野，一簇簇花朵缀满枝头，红似火焰，灿若云霞，热烈奔放，明艳动人。

　　高大茂盛的杜鹃，为林中的一些同样美丽的鸟儿提供了适宜的栖息地，比如鹛类。这些生活在亚热带、热带茂密森林中的小型鸟类，是高黎贡山的留鸟。它们通常栖息在树上或灌丛中，成群地在林间活动，以林中的昆虫等小型动物和植物的种子、果实为食。

　　林中盛开的花朵，也为一些鸟类提供了丰富的食物。比如太阳鸟，太阳鸟的名字来自它们五彩斑斓的羽毛，仿佛阳光透过棱镜折射出的色谱。太阳鸟是典型的热带鸟类，生活在中国南部和东南亚、南亚地区。它们是一类体型比较小的鸟，体长只有十几厘米。花蜜是它们主要的食物，偶尔有小虫子送到嘴边，它们也不会放过。

　　栖息在森林中的太阳鸟非常活泼，叫声清脆尖锐，整天不停地在树间飞来飞去采食花蜜。细长而向下弯曲的嘴，是太阳鸟吸食花蜜的得力工具。取食时，植物的花粉会沾在它们身体上，于是太阳鸟成了为植物传粉的媒介。它们经常光顾的植物得到了更好的繁衍，而它们也

右图：太阳鸟是一类体型较小的鸟类，体长 10～20 厘米，雌性太阳鸟外形相对朴素，体色以橄榄色为主，而雄性太阳鸟往往有着斑斓的色彩，身体上有些部位的羽毛闪烁着金属光泽。图为一只雄性蓝喉太阳鸟。

上图：太阳鸟取食花蜜时，常常不停扇动翅膀，悬停在空中。图为一只悬停在空中取食花蜜的黄腰太阳鸟。

上图：雄性绿喉太阳鸟头部和尾部的墨绿色羽毛泛着金属般的光泽，在阳光下熠熠生辉。

因此在森林里有了更多可心的食物。一些植物产生了吸引这些鸟儿传粉"服务"的适应性进化——拥有色彩鲜明的喇叭形花朵。太阳鸟取食花蜜时，常常不停扇动翅膀，悬停在空中，就像蜂鸟一样。不过蜂鸟全部产于美洲，中国是没有蜂鸟分布的。

红腹角雉

　　高黎贡山自然保护区，是我国一些最珍稀野生动植物的庇护所，红腹角雉就是其中之一。"雉"这个字，是汉语中对野鸡的称呼，鸡形目很多鸟类的名字中都有这个字，比如红腹角雉、白冠长尾雉等等。所以红腹角雉虽然长得漂亮，但它还是一只鸡，它的外形也与家鸡相似，不过体型更大，体长能达到六十多厘米。与太阳鸟一样，红腹角雉也是雌雄外形差异很大的鸟。雌鸟一身褐羽，全身上下密布斑纹，低调朴实。这种色彩对雌雉来说是很好的掩护，尤其在它们长时间孵卵时。雄鸟有着完全不同

右图：红腹角雉雄鸟。

下图：红腹角雉雌鸟。

上图（上）：雄雉发情炫耀时，竖起肉角，展开喉垂，并不时抖动，吸引雌雉的注意。

上图（中）：红腹角雉名字中的"角"字指的就是它们头上这对钴蓝色的肉角，这对角平时藏在羽下，求偶时膨胀立起。

上图（下）：从背后看求偶的雄雉，后颈的羽毛根根竖立，半展的双翅不断扇动，尾羽如扇子般展开，显得威风凛凛。

的外形，它们绯红色的身体鲜艳夺目，背上排列着一排排黑色勾边的白色斑纹，腹面则是马赛克般镶嵌感的椭圆形白色斑点，脸上裸露的皮肤呈现迷人的钴蓝色。雄鸟肉质的钴蓝色角平时深藏不露，喉垂也平凡无奇。但当雄鸟发情求偶时，肉角和喉垂膨胀鼓起，非常惊艳。

红腹角雉的交配通常在春季进行，雄鸟求偶的表演就在此时上演。雄鸟昂首阔步，向雌鸟炫耀着它华丽的外表，钴蓝色的肉角逐渐从头部的羽冠中露出，喉垂充血肿胀，胸前随之展开一条红蓝相间的肉裙，高高耸立的肉角来回颤动，肉裙时起时落，半展的双翅不断扇动，尾羽如扇子般展开，威风凛凛，华美绝伦。雄鸟的发情达到高潮时，全身僵住，痴立数秒。如果雌鸟做出反应，雄鸟会立刻扑向伴侣开始一波不可描述的事情。

雄鸟如此张扬的外表和行为，让它们能够在茂密的丛林中吸引到雌性的注意，但同时，也增加了被天敌发现的风险。那雄鸟为什么还要选择这么高调的外表？简单来说，因为长期的进化让雌鸟都变成了"颜控"。进化生物学中，有一种理论，叫红桃皇后假说。这个理论借用了小说《爱丽丝镜中奇遇记》中"红桃皇后"的典故。红桃皇后对女主角爱丽丝说："在这个国度中，必须不停地奔跑，才能使你保持在原地"，这个道理就像我们中国人说的"逆水行舟，不进则退"。比如红腹角雉，再比如我们熟悉的孔雀，在这些鸟类中，雌性对配偶的选择驱动了雄性的不断进化，那些跟得上这种进化的雄性，才不会在交配权的竞争中被淘汰。雄性夸张的外表更容易吸引雌性的注意，但同时也更容易吸引捕食者的目光，而且那些并非生存所必需的装饰物很大程度上会成为一种累赘，外表越华丽的雄鸟累赘越大。但从另一方面来看，如果一只雄鸟在这样的情况下仍然可以活得很好，那大概说明这只雄鸟更有能力，有更加优良的基因。于是为了找个"好老公"，得到更多的生存资源，也为了能造出更优秀的后代，雌鸟们都变成了"颜控"，而雄鸟们则展开了颜值的军备竞赛，在提高颜值的道路上越走越远。

夏季是繁殖的季节，一对红腹角雉夫妻结伴生活，分工合作。它们将简陋的巢建在树枝上，周围的范围便划作它们的领地。雄鸟承担着警戒和保卫任务，白天在领地内活动，每天早晚雄鸟会发出短促的"哇哇"的叫声，以宣示对领地的占据。孵卵和育雏的全部工作，则由雌鸟承担。与家鸡一样，红腹角雉的雏鸟是早成鸟，它们刚出生的时候，身上就密被绒羽，眼睛能够睁开，能够走动、啄食和扇翅。

雏鸟出生的第三天，角雉妈妈来到树下，发出叫声召唤巢中的雏鸟们。雏鸟们闻声而动，从巢中跃下，安全落地后，它们开始跟着角雉妈妈四处觅食。两年后，它们也要繁殖自己的雏鸟了，华丽的"求偶大戏"将又一次上演。

巨松鼠

高黎贡山的森林常年被丰富的水汽滋润，所以树上永远是果实累累。如此优越的生存环境，吸引了大量以果实为食的动物在这里生活，

各种各样的松鼠就是一群以果实为生的林中精灵。提起松鼠，人们通常会想到这样的形象：

它们面容清秀，眼睛闪闪有光，身体矫健，四肢轻快，非常敏捷，非常机警。玲珑的小面孔，衬上一条帽缨形的美丽的尾巴，显得格外漂亮……松鼠不躲藏在地底下，经常在高处活动，像鸟类似的住在树上，满树林里跑，从这棵树跳到那棵树。它们在树上做窝，摘果实，喝露水……

——布封《自然史》

这是法国博物学者布封笔下的松鼠。这些松鼠是典型的树栖动物，它们常年栖息在树上，很少在地面上活动，外形玲珑可爱，身手灵动敏捷。它们有弯曲而尖锐的爪子，在树上攀爬跳跃如履平地。它们以坚果和水果为食，有发达的咬肌和强大的门齿，可以轻松咬开坚果。

高黎贡山丛林中的巨松鼠，就是这样一群活跃在树枝间的丛林动物。巨松鼠这个名字透露了这种松鼠最显著的特征，它们的体型比一般的松鼠要大，是体型最大的树栖松鼠。巨松鼠的头体长四十厘米左右，尾巴的长度能达到五十厘米。巨松鼠的英文名叫作 black giant

下图：高黎贡山的巨松鼠。

squirrel（黑色巨松鼠），这个名字描述了这种松鼠的体色，它们的整个背面都是黑色，蓬松浑圆的大尾巴也是黑色。但巨松鼠并非全身只有黑色这一种颜色，它们的腹面是黄色的，而且两种颜色泾渭分明，清晰可辨。

巨松鼠生活在亚洲的热带雨林和季雨林中，在中国，仅在云南、广西和海南分布。雨林里那些高大的树木，是巨松鼠理想的栖居之所：茂密的树冠为它们遮挡风雨和捕食者的视线，林中植物的果实为它们提供了丰富的食物。别看巨松鼠体型大，它们可是灵活的胖子，它们有高超的攀爬技巧，有硕大的尾巴帮助保持平衡，尾巴绷紧，后腿用力一蹬，可以一跃十多米远。巨松鼠在白天活动，一晨一昏是它们最活跃的时候。它们通常在两三千米的范围里活动，沿着几条相对固定的巡山路径，在树间上蹿下跳寻找可口而且有营养的果实、嫩芽和花。与其他的松鼠一样，巨松鼠用两只爪子抱住食物啃食，动作灵巧而且敏捷，手和嘴快速配合，能看得人眼花缭乱。中午是巨松鼠在树上休息的时间，休息时，它们长长的尾巴常常慵懒地从树上垂下。巨松鼠用树枝树叶在高树枝丫上建巢，遇到危险时会借树洞藏身。巨松鼠每年可以在春季和秋季繁殖两次，松鼠宝宝在巢里出生和长大。巨松鼠的寿命在松鼠中首屈一指，可以活到二十多岁。

生活在温带的松鼠们，有一个广为人知的

右图：巨松鼠是典型的树栖松鼠，觅食、筑巢和繁殖都在树上进行。巨松鼠的大尾巴能够帮助它们保持平衡，也是树栖松鼠的标志之一。

习性，那就是储藏食物。温带的森林中，食物资源不总是那么丰富，秋季的森林果实累累，到了冬季却万物萧条，食物匮乏。为了应对食物的季节性变化，松鼠们形成了储藏食物这种适应性的行为：在植物大量结实的秋季收集食物并储存起来，等到冬季再重新拿出这些"储备粮"享用。而在热带丛林中，食物一年四季都不会很缺乏，松鼠的储藏行为也相应的很少见。不过有研究者发现，生活在印度西部丛林中的印度巨松鼠也有储藏食物的行为。

印度巨松鼠是巨松鼠的近亲，有着与巨松鼠类似的硕大体型，但毛色有所不同。印度巨松鼠身上通常有乳白、米黄、褐、棕红、深褐这几种颜色中的两种或者三种色调，腹面和前

下图：印度巨松鼠。

肢通常颜色较浅，两耳之间有一条显眼的浅色斑纹。印度巨松鼠同样在树上栖居，用小枝和树叶在大的枝丫上建成球状的巢，它们会在自己的领地范围内建很多个巢，过着"狡兔三窟"的日子。在食物方面，营养丰富的植物果实是印度巨松鼠最优的选择，有果实的时候只吃果实，尽可能多地在体内储存能量；而在没有果实的时候，它们可以把食谱扩大，吃植物的树叶、树皮、茎髓等部分，靠强大的消化能力从这些低质量的食物中摄取能量。

印度巨松鼠在结实的季节储藏下的食物，能够作为一种补充，应对食物较少的季节。与温带的松鼠一样，印度巨松鼠所储藏的食物都具有坚硬的外壳，大部分来自当地森林中常见的植物。外壳坚硬的果实或种子比较耐储存，不容易腐烂；常见植物的果实通常随处可得，比较容易采集，而且搬运成本低。另外，印度巨松鼠可能也通过储藏食物来应对一些觅食困难的季节，比如在季节性的云雾林中，每年有几个月的时间降雨不断，林中云雾缭绕，能见度极低，松鼠很难在树枝间灵活地穿梭，这时它就可以利用储藏的食物。但总的来说，与栖息在温带森林的松鼠相比，印度巨松鼠面对的食物匮乏的压力并没有那么大。温带松鼠在冬季十分依赖"储备粮"，没有"储备粮"几乎不可能活过冬天；但印度巨松鼠储藏食物，似乎并不是一种性命攸关的行为。

首先，并不是所有的印度巨松鼠都储藏食物。研究人员发现，在印度巨松鼠密度比较高的地点，松鼠之间的领地和巢穴竞争激烈，经常发生入巢"抢劫"事件，这里的松鼠没有食物储藏行为。其他动物的"盗食"行为，是影响动物储藏食物的一个重要因素。如果辛辛苦苦积攒起来的食物储备被"盗贼"轻而易举地偷走，不但白忙一场，更有可能因为失去过冬的食物而丧命。为了防止赖以生存的食物被盗，松鼠们各有各的策略。

有的松鼠选择不"把鸡蛋都放在一个篮子里"，它们分散储藏食物，防止储备被"一锅端"。但这样也带来了一个问题——当它们有需要的时候，要怎么取回这些食物呢？一些犬科动物会把吃不完的食物藏起来，然后靠灵敏的嗅觉找回这些食物。但在这种情况下，它们无法保证自己能比别的动物更早找到这些食物，因为"盗贼"很可能也有敏锐的嗅觉。因此这样的寻找方式往往伴随着防御行为，储藏食物的动物必须积极地保卫自己的食物。一些松鼠则不然，如欧亚红松鼠和北美红松鼠，它们具有空间记忆的能力，也就是说，它们能记住自己储藏食物的地点。这样一来，它们就能比"盗贼"更有可能找到自己藏起来的食物，从而能通过储藏食物为自己带来更多的好处，而不是"为他人作嫁衣裳"。

并非所有松鼠都有空间记忆的能力，有的松鼠还是会选择把食物集中在一处储藏，比如储藏在自己的巢穴中，这样一来，它们就不需要特殊的能力来找回食物。但集中的食物更容易被"盗贼"盯上，松鼠们当然不会坐以待毙。松鼠们会护卫自己的领地和巢穴，巢穴是一个被重点保卫的地方，以防其他动物来"抢劫"。印度巨松鼠的食物就藏在自己的巢穴里，当松鼠之间的竞争激烈程度比较低，很少有盗食行

为时，松鼠们能从储藏食物中受益，在食物不丰富的时候，也有高质量的食物可吃。但如果周围的巨松鼠竞争激烈，盗食猖獗，那么即使储藏了食物，也可能要在食物减少的时候挨饿，储藏行为就失去了意义。这也从一个侧面反映出，热带丛林中的印度巨松鼠对储藏食物的依赖程度并不高。

其次，是印度巨松鼠储藏食物的目的，它们似乎并不完全是为了"未雨绸缪"而储藏食物。在它们储藏的食物中，有些从不会在新鲜的时候被食用，比如异株木犀榄和乌墨的果实。异株木犀榄的果实中脂肪含量很高，作为储藏食物，高脂肪的果实或种子非常受松鼠们青睐，

如东北林区的欧亚红松鼠，几乎只储存高脂肪的红松松子作为"储备粮"。这是因为脂肪能够提供的能量，是同等重量的碳水化合物或蛋白质的两倍多。因此储藏高脂肪食物是一种非常经济的选择，搬运较少的食物，就能得到足够多的能量。不过异株木犀榄和乌墨的果实却有一个问题，它们含有一些微毒性的物质，这些有毒物质可能会在储存过程中降解。因此印度巨松鼠可能是通过长时间储藏这些果实，使其中的毒性降低，以便食用。

印度巨松鼠将食物储藏在巢穴中，除了可以严密保卫这些食物，还有一个好处是，巢穴作为松鼠栖居的场所，通常洁净且干燥。在温

前页：欧亚红松鼠，这是一种在欧洲和亚洲北部非常常见的松鼠，欧亚红松鼠的形象也是艺术作品中最常见的松鼠形象之一，比如著名的儿童读物和动画作品《彼得兔》中的松鼠"榛果子"就是一只欧亚红松鼠。不同地区的欧亚红松鼠毛色变化很大，中国的欧亚红松鼠毛色通常为黑色或灰黑色，而在欧洲，图中的亮红色是最常见的颜色。秋冬季节，欧亚红松鼠的耳尖长出如图中这样的竖直的长毛簇。

下图：北美红松鼠是北美地区非常常见的一种松鼠。

上图：岩松鼠是北方常见的一种松鼠，它们偏爱岩石地形，喜欢把巢建在岩石缝隙深处。

热潮湿的雨林中，储藏的果实或种子很可能因为发霉或萌发而损失，巢穴的环境则可以减少这种损失。但在亚洲的温带地区，储藏食物的冬季寒冷干燥，松鼠们没有这样的困扰。一些松鼠会把食物分散地埋藏起来，如欧亚红松鼠和岩松鼠。这种储藏方式不仅使松鼠有了过冬的"储备粮"，也顺便为被储藏的植物带来了"福利"。那些在冬天没有被取出吃掉的种子，会在来年春天万物复苏时萌发，成为一棵新的植物。甚至有些植物的种子能进入土中并萌发，主要就是靠松鼠的储藏行为。松鼠在储藏食物的同时帮助这些植物繁殖，又进一步增多了自己喜爱的食物的数量，这也是松鼠与植物之间的一种相互适应。

生活在丛林中的松鼠，并不都是通过强大的跳跃技能在树枝间闪转腾挪，在高黎贡山中还有这样一群松鼠，它们靠令人惊叹的"飞翔"技能栖于树间，它们就是鼯鼠。

飞松鼠

鼯鼠是一群会"飞"的松鼠，准确地说，是会滑翔的松鼠。鼯鼠的四肢间有皮膜相连，这是它们用以滑翔的装备——翼膜。在动物界，会滑翔的动物不少，如飞鱼能够靠尾部和翼状的胸鳍获得推力在水面上滑翔，一些蛙类能够依靠蹼足做"降落伞"式的滑行，飞蜥能靠延伸的肋骨支撑的翼膜在林中滑翔，哺乳动物中澳洲的袋鼯、马来群岛的鼯猴同样能用皮膜在丛林中滑翔。鼯鼠能够在众多的滑翔动物中独树一帜，是因为它们复杂的翼膜结构和多样的飞行技巧，把对空气动力学的利用发挥到了极致。

下图：飞鱼科的鱼类能通过尾部和翼状的胸鳍滑翔，它们在水下加速，然后冲出水面，此时尾部还在水中，它们通过快速摆动尾部获得额外的推力，因此在水面上留下一串"之"字形的水花。

上图：高黎贡山丛林中的一只鼯鼠，这些会飞（准确地说是滑行）的啮齿动物常在天然树洞中栖身，以森林中的坚果、水果、昆虫等为食。

在鼯鼠前肢腕部的外侧，翼膜的一角略微向上卷起，这个部分被称为翼尖，这是鼯鼠独有的翼膜结构。翼尖的作用类似于飞机的小翼。飞机飞行时，机翼下表面的压力比上表面大，这种压力差使飞机获得向上的升力，而在机翼两端的部分，这种压力差又会使气流从机翼下表面绕过飞机的翼尖流向机翼的上表面，气流绕过翼尖时在这里形成漩涡，这种漩涡不断产生并向机翼后方流去，这些漩涡会形成一个与飞机飞行方向相反的力，也就成了飞行的阻力。小翼的存在能够有效地减少这一阻力，并产生更大的升力，这也正是鼯鼠翼膜翼尖的作用。但不同的是，飞机的小翼远没有鼯鼠的翼尖那样灵活多变。鼯鼠的翼尖由腕关节向外延伸出的针状软骨支撑，并且有一系列与之相连的韧带和肌肉，共同组成了一个精密的运动系统。通过这套系统，鼯鼠能够灵活且相互独立地控制左右两个翼尖，它们可以根据需要，折叠或伸直翼尖，从而调节滑行的方向和速度。

鼯鼠前肢前侧的一部分翼膜（前翼膜），就像飞机机翼的前缘，它能够引导气流进入后方的体侧翼膜（前肢与后肢之间的翼膜，鼯鼠翼膜的主要部分）。鼯鼠可以通过调整前翼膜与迎面而来的气流之间的角度，来调整整个滑翔的空气动力，如它们可以在起飞时向下弯曲前翼膜，以引导气流产生向前的推力和向上的升力；在滑翔时展平前翼膜，使其与体侧翼膜作为一个整体，一同提供升力。

鼯鼠翼膜上分布着感受器，这些感受器能感知局部气流的细微变化，鼯鼠会根据这些气流信息做出相应的反应。两侧翼膜的各个部分都能够独立控制，鼯鼠可以使某个部分绷直，而另一个部分弯曲，从而达到不同的滑翔需求。鼯鼠还能调整翼膜边缘一些毛发的方向，如通过调整翼膜前缘那些长而硬的毛发的角度，鼯鼠能够在起飞和降落时获得不同的助力。另外，鼯鼠的尾巴在滑翔中能起到控制方向的作用，降落时还具有一定的缓冲功能。

凭借一身滑翔绝技，鼯鼠能在森林中轻松滑行几十甚至上千米，不仅能以惊人的速度飞行，而且能在空中急转弯，灵活地躲避障碍物和猛禽的攻击。人们曾经认为，鼯鼠的飞行仅仅是一种被动飞行，但现在人们已经知道，鼯鼠的飞行远非单纯的被动飞行，它们甚至很可能从不被动飞行。鼯鼠能够以精妙的滑翔系统主动地利用空气动力滑翔，它们的一些滑翔技能，连人类制造的最先进的飞机也望尘莫及。

鼯鼠是一群严格的树栖松鼠，它们与其他

后页：华莱士树蛙生活在马来半岛、婆罗洲和苏门答腊，它们能借助发达的蹼足进行"降落伞"式的滑翔。

上图：飞蜥属动物的体侧有延长的肋骨支撑的翼膜，借助这个结构它们能够滑翔。

树栖松鼠一样，也有弯曲而尖锐的爪子用以爬树；但与多数树栖松鼠不同的是，它们通常不在白天活动，而是一群"夜行者"。这里您可能会有一个疑问，鼯鼠跟松鼠到底是什么关系？首先，松鼠这个名字，是对松鼠科动物的统称，鼯鼠是松鼠科中的一个类群，因此鼯鼠是一类松鼠。那么鼯鼠跟其他的松鼠又是什么关系呢？传统上，因为滑翔的鼯鼠与其他松鼠在形态和习性上有显著的差异，因此人们把松鼠科分为两个亚科，鼯鼠亚科和其他松鼠组成的松鼠亚科。但后来的分子遗传学研究并不支持这种分类方式，目前松鼠科通常被分为五个亚科，其依据是各类群之间的亲缘关系。

巨松鼠和印度巨松鼠所在的巨松鼠属，与其他树栖松鼠都没有很近的亲缘关系，因此被单独划入一个亚科——巨松鼠亚科。类似的情况还有生活在热带南美的俾格米松鼠，它是南美俾格米松鼠亚科中唯一的成员，这种松鼠是美洲体型最小的树栖松鼠，它名字里的俾格米一词是对身材矮小的人种的称呼。余下的三个亚科都是比较大的类群。松鼠亚科，其中包括了两个主要类群，一类就是鼯鼠，全球有四十多种鼯鼠，主要分布在亚洲、欧洲、美洲的丛林中；另一类是一些树栖松鼠，多数分布在美洲，中国只有一种，即欧亚红松鼠。丽松鼠亚科，这个亚科的名字意为"美丽的松鼠"，很多成员都有比较多样的颜色或花纹。丽松鼠亚科的物种超过六十个，主要分布在东南亚的丛林中，中国南方常见的赤腹松鼠，就是这个亚科的成员。亚非地松鼠亚科，这个亚科的成员与前四个亚科最显著的区别是，它们大都是地栖的。我们

前面提到的巨松鼠、欧亚红松鼠、鼯鼠之类的松鼠，都是树栖松鼠，通常在树上活动；而地栖松鼠则不然，它们通常在地面活动，挖掘洞穴或在地面建巢栖身。例如岩松鼠偏爱把巢建在岩石缝隙深处，花鼠的洞穴或者巢通常在接近树根的地方，旱獭则是挖掘洞穴作为群居越冬之所的群居动物。根据习性的不同，松鼠科的动物会被分为三类，飞松鼠（即鼯鼠）、树松鼠（其他树栖松鼠）和地松鼠（地栖松鼠）。

上图：高黎贡山丛林中的赤腹松鼠。

后页：滑翔中的美洲飞鼠，这是一种分布于北美东部的鼯鼠。

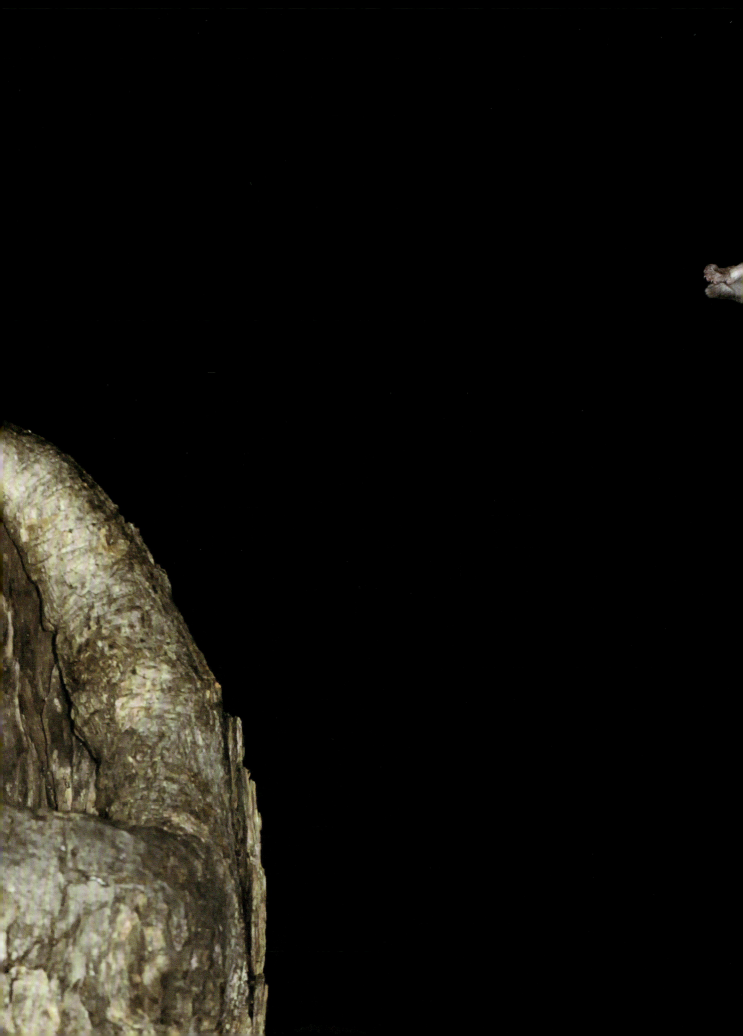

上图：滑翔中的霜背大鼯鼠，这是一种分布在中国南部、东南亚、南亚的鼯鼠。

上图：赤腹松鼠是中国南方比较常见的一种松鼠，因腹面毛色带有红色色调而得名，主要栖息在热带、亚热带雨林中，以森林中的坚果、水果、昆虫等为食。

上图：喜马拉雅旱獭是一种生活在青藏高原上的地栖啮齿动物，常挖掘洞穴作为越冬之所。图中这种以后腿站立的姿势，是地松鼠标志性的姿势。当它们察觉到危险时，会以这种站立的姿势瞭望，这能让它们获得更好的视角，不会被高草遮挡视线。

上图：花鼠是广泛分布于亚洲北部的一种地栖松鼠，也是中国北方常见的松鼠。花鼠在夏末建立大型的储藏室用于储藏食物，并用颊囊搬运食物，图中这只花鼠的颊囊里装满了食物。花鼠所在的花鼠属动物常被称为"花栗鼠"，背上有5条纵纹，是该属成员显著的特征。除花鼠外，该属中所有的成员都生活在北美。

短尾猴

　　高黎贡山雨林中出产的水果，不仅是松鼠的美味佳肴，也为一种灵长类动物赖以生存的资源，这种动物就是短尾猴。短尾猴生活在亚洲北纬30°以南的常绿阔叶林中，这个范围包括中国的云南等省份，向南延伸到马来西亚北部。短尾猴，顾名思义，它们的尾巴很短，只有体长的十分之一左右。严格树栖的猴子都有一条长尾巴用来保持平衡，短尾猴则不然，它们的生活是树栖兼地栖的，除了栖息在树上，它们也会在地上度过大量的时间。

　　虽然之前提到的黄山短尾猴名字听起来跟短尾猴很接近，不过黄山短尾猴是藏酋猴的一个亚种，而短尾猴则是另一个种。这两种猴子之间有一些明显的区别，如藏酋猴体型较大，浓厚的毛呈羊毛状，腹面毛色泛白，与背面的褐色对比明显，头比较窄长；短尾猴的体型较小，毛比较稀疏，背腹的毛色对比不明显，头比较短宽，雄猴的外生殖器扁而长。最显而易见的不同是：成年的短尾猴面部有红色的斑块，有些年长个体还会变成紫红色，非常显眼，所以短尾猴又叫红面猴；成年的雄性藏酋猴两颊和下巴有浓密的长毛，就像一副大络腮胡。有趣的是藏酋猴这种猴子虽然分布广泛，但主要分布区并不在西藏。大卫神父在四川宝兴第一次采到这种猴子的标本（这也是他采集到大熊

　　右图：面部裸露的红色斑块是短尾猴显著的特征。

猫、珙桐等物种的地方），并以"西藏"一词作为种名，所以中文学名定为了藏酋猴。

短尾猴是杂食动物，以植物果实、种子和昆虫等小型动物为食。同大多数灵长类一样，短尾猴也结群生活，它们结成类似黄山短尾猴的多雄群，一个群体的短尾猴可以多达50只，占据很大的领地。每年秋天，短尾猴迎来交配的旺季，发情中的雌性短尾猴臀部裸露的皮肤变红，这是吸引雄性交配的信号。成功受孕的雌性会在第二年的春天产下幼崽，短尾猴母亲通常会照顾幼崽到第二年，才会开始下一次生育，此时一岁多的幼崽脸上已经出现标志性的红色斑块。

短尾猴和藏酋猴都属于猕猴属，这个属是非人灵长类中非常常见的一类，种类繁多，分布广泛。猕猴属的"属长"猕猴，更是遍布东至中国东南沿海，西到印度、巴基斯坦、阿富汗，北至中国华北，南到泰国北部和印度北部的范围。猕猴属的发生可能是从大约六百万年前的中新世末期开始的，它们的祖先从北非扩散到亚欧大陆，并在各种环境中产生了辐射进化。短尾猴是猕猴属中比较特化的一种，有研究猜测短尾猴这个种的形成，可能经历了这样一个过程：从进入亚欧大陆的早期，它们就已经开始向着特化的方向发展；在第四纪的冰期，变冷的气候使猕猴类的分布区萎缩，短尾猴的祖先与其他群体之间可能出现了地理隔离，使特化的性状进一步加强；到了间冰期，气候变暖，猕猴类又开始扩张，原本被隔离的种群之间又重新相遇，产生了基因交流，但短尾猴由于外生殖器性状已经特化，很难与其他种群杂交，

产生了生殖隔离。因此，短尾猴与其他物种的差异性状，是逐步产生的，有的特征比较早就产生，而有的则比较晚。

短尾猴是继黑叶猴、黄山短尾猴、滇金丝猴之后我们提到的又一种灵长类动物。旧大陆的高等灵长类被分为了四类，猴科、长臂猿科、猩猩科和人科。猴科中又分为两类，猕猴亚科和疣猴亚科。猕猴亚科的成员通常在两腮有一个用来暂时储存食物的空间——颊囊，它们找到食物时可以先塞进颊囊里，再找个合适的地方慢慢吃。除了猕猴属，大家熟悉的狒狒、山魈，也都是这个亚科的成员。疣猴亚科的成员们，因为前肢拇指退化成了一个疣状而得名，它们多数都没有颊囊，它们有复杂的消化系统，有囊状的胃，来消化吃进去的植物，黑叶猴、滇金丝猴都属于这个亚科。另外的三个科中，除人以外的长臂猿科、猩猩科组成了类人猿。中国没有现生的猩猩分布，但有长臂猿。云南是中国长臂猿最主要的栖息地之一，中国目前发现的6种长臂猿中，有5种生活在云南。接下来，我们将提到其中一种。

下图：一些灵长类和啮齿类动物的两颊有暂时储存食物的结构——颊囊，这只短尾猴的颊囊里装满了果子，看起来鼓鼓的。

茶马古道

对于欧洲的"植物猎人"来说，高黎贡山这片雨林简直就是一个奇幻而又神秘的未知世界。不过当他们来到这里，却发现有一条古老的修建完好的石头路，引领他们继续探索森林。向西深入，我们踏上这条曾经是亚洲重要的贸易通道，茶马古道的西南段。茶马古道这个名字，来源于这些道路上的主要活动，茶马贸易。藏族的饮食习惯中多以青稞和动物性食物为主，"其腥肉之食，非茶不消；青稞之热，非茶不解"，茶成了不可或缺的生活必需品，但青藏高原地区并不产茶，需要从高原东部的四川、云南地区运入。而对于中原王朝来说，与西南地区的友好交往，和西藏所产的战马，都是维护国家稳定所需要的。唐代，唐与吐蕃之间的往来使这种"茶马互市"进入了官方的视野，这种官方管理下的贸易在宋代进一步发展，并在明代达到了最盛。而民间贸易的往来，茶叶的流通，更早在唐代之前就已经存在。千百年来，正是这些商贩、背夫，披荆斩棘，以自己的脚印，以骡马的蹄痕，踩出了一条条连通川滇与西藏的通道。在现代交通技术尚未深入中国腹地的时候，长期以来，茶马古道把中国的西南部和世界相连，迎来了南亚西亚，甚至欧洲的商人和旅行者。

茶马古道可能是世界上最难走的文明古道之一，它们穿越横断山脉的雪山峡谷，游走在"第三极"的高原，恶劣的气候和险峻的地势，

上图：高黎贡山中保留了茶马古道滇藏线中的多条道路，现在这些道路是"驴友"们热衷于徒步穿越的线路。

都考验着沿途的行旅马帮。民谚形容一年中沿途的天气："正二三，雪封山；四五六，淋得哭；七八九，稍好走；十冬腊，学狗爬"；而著名的藏学家任乃强先生来此考察时，曾这样形容这些通道："……路止尺许，连折十二层而上，两骑相遇，则于山腰脊先避，俟过方行。高插天，俯视山，深沟万丈，俯首下视，神昏心悸，毛骨悚然，令人欲死"；其开路、行进之艰难可想而知。

如今，更加快捷便利的现代交通取代了曾经的险径，然而茶马古道仍然是很多人心之所向的旅行目的地。我们今天说的茶马古道，包括了川藏、滇藏两条主要的线路和若干支线。川藏线由四川的雅安、康定，分南北两线进入西藏。滇藏线路由云南的重要茶叶产地西双版纳、普洱、临沧、保山、大理、丽江、迪庆，转道四川甘孜、西藏昌都，可继续延伸向西到尼泊尔、印度、阿富汗等地。无论哪条线路，都串联起了川、滇、藏区域令人神往的美景，

上图：图中画出的这条线是茶马古道中由云南直接进入缅甸的一条支线，向西可连接到印度、阿富汗，直至欧洲。

宽阔河谷的温婉动人，高山深谷的壮阔雄浑，古城故地的历史印迹，缀成了一幅独一无二的绝美画卷。

红瘰疣螈

那么高黎贡山神奇而又特别的气候，是怎么形成的呢？每当五月底季风来临，这就是高黎贡山与众不同的秘密所在。季风从印度洋上吹来，温暖而又湿润，水汽沿着云南的独特地形推进，带来了充沛的水分，数百万年前形成的广阔河谷，就像一个巨大的漏斗，潮湿温暖的空气，沿着又深又窄的峡谷，直接吹向云南北方，就这样，给云南带来了雨水和急流。连续四个月的降雨，为各种植被提供了丰富的水分。

季风的来临，也唤醒了森林中喜爱潮湿的生物，疣螈就生活在这种林木茂盛的湿润山地

上图（上）：来自印度洋的季风温暖而潮湿，带来充沛的水分。

上图（下）：从高空俯瞰，可以看到水汽沿着山间的河谷推进。

中。这类罕见的两栖动物，只分布在亚洲的东南部，中国西南是它们的主要栖息地。各种疣螈的外形有一些共同的特征，乍一看有点同款不同色的感觉。它们头部都有骨质的棱，背部正中有一条贯穿头尾的脊棱，尾巴长而侧扁。皮肤粗糙，身上布满小疣粒，身体两侧还有两排大瘰粒。红瘰疣螈是各种疣螈中颜色比较艳丽的一种，它的瘰粒、头部、四肢、尾巴和脊棱呈现鲜艳的橙红色，与其他部分的暗褐色对比明显，犹如一件红色镶边的铠甲，它的名字也由此而来。

红瘰疣螈常常栖息在阴湿的草丛中，以蠕

上图：红瘰疣螈的瘰粒、头部、四肢、尾巴和脊棱呈现鲜艳的橙红色，与其他部分的暗褐色形成鲜明的对比。

上图：红瘰疣螈皮肤上的瘰粒会分泌出有剧毒的生物碱。

型动物、蜗牛等为食。肺和皮肤是它们的呼吸器官，皮肤可以吸收溶解在水中的氧气，因此需要一直保持湿润。它们的皮肤会分泌黏液，黏液层能起到保湿和杀菌的作用。当空气湿度比较高的时候，如降雨之后，红瘰疣螈的活动就会变得活跃。作为变温动物，疣螈体温的维持需要借助外界的热量，只有环境温度合适时，它们才会外出活动。当外界温度太低时，它们就会蛰伏不出，冬天持续低温的几个月，它们会进入冬眠状态。而环境温度过高时，它们也会躲进石缝等藏身地点，防止暴晒。很多动物为了安全，会用一副与环境融为一体的外表将自己隐藏起来，比如大鲵。有些动物却反其道行之，用艳丽的颜色告诉捕食者——我有毒，红瘰疣螈就是这样，它们在遇到危险时，皮肤上的瘰粒会分泌出有剧毒的生物碱。

随着雨季的来临，红瘰疣螈进入交配期。雨季的第一场雨过后，红瘰疣螈们像集体受到了召唤，纷纷来到稻田、沟渠边寻求交配。雌雄个体间靠嗅觉相互识别，求偶时有一系列复杂的互动，之后雄性扇动尾巴，排出精包，然

后雌性调整身体的位置，将精包纳入泄殖腔孔内，完成受精。交配后的雄螈扬长而去，把一切后续事宜交给了雌螈。两三天之后，雌性开始产卵。田埂附近有植物遮挡的浅水是绝佳的产卵地，这样的地方也总会最先被抢占。不过产卵之后的雌性并不会护卵，所以来得晚的产卵者，也可以肆无忌惮地把先到的雌螈产下的卵推出田埂，重新填以自己的卵。这些卵附着在水中的植物上，自然孵化。幼螈生活在水中，靠外腮呼吸，随着发育完成，它们的外腮消失，开始陆栖生活。

蛙类、中国大鲵和红瘰疣螈都属于两栖动物。两栖动物分为三个大的类群：无足目、有尾目和无尾目。无足目是一个比较特化的类群，状如蚯蚓，称作蚓螈，多数过着穴居生活。有尾目是比较原始的类群，终生保持有尾，中国大鲵、红瘰疣螈都属于这一类。无尾目的幼体和成体差别比较大，幼态的蝌蚪有尾，成体尾消失，黑斑侧褶蛙就属于这一类。两栖动物是从水生生活向陆生生活过渡的类群，可以陆栖，但生命中总有一些环节离不开水。比如红瘰疣

螈，成年的红瘰疣螈在一定程度上适应了陆栖生活，如它们的皮肤角质化程度已经比较高，承担了更多保护和防御的功能，而非主要用于呼吸。但它们仍然依赖潮湿的环境，产卵和幼体的发育仍然需要在水中进行。在云南的气候和植被条件中，红瘰疣螈得到了宜居的生活环境。

宁可食无肉，
不可居无竹

　　雨季同时也唤醒了森林中的另一种生灵。这一种生物的活力，令人叹为观止。它一天能长一米，生长速度远远超过其他植物。它长得越高，生长的速度就越快。在几天的时间里，它比附近的植物高出一大截，并且还在不断地往上长。这种生命力惊人的草本植物，就是竹子。

　　禾本科竹亚科的植物常被统称为竹子，这些植物并不都是我们通常见到的竹子的模样，它们中既有矮小的草本植物，也有高大的木本植物，不过前者在亚洲没有分布，后者与中国人印象中的竹子形象更加吻合。竹亚科是个大家族，全世界有一千多种，中国是个竹子界的超级大国，拥有其中五百多种。云南这个生物多样性中心拥有丰富的竹类资源，云南的两百

右图：竹子拥有令人惊叹的生长速度和无性繁殖能力，只要有机会，就会长成一片竹海。（秦盱丰 摄）

上图：竹子多种多样，毛竹可以说是最著名的竹子之一了，长期的大面积栽培，产生了众多栽培型，比如图中的龟甲竹，因竹节形似龟甲而得名。

多种竹子中，有一百多种是当地特有的种类。

竹子所在的禾本科，包含很多我们熟悉的农作物和杂草，比如小麦、水稻、玉米、高粱、狗尾草、芦苇、稗等等。这个科的植物拥有一些共同的特征，比如茎中空，而且有明显的节，节的位置有横隔板，常常有狭长的叶子，叶上有平行分布的叶脉。

作为单子叶植物的第二大科，禾本科尽管种类比兰科植物少，但要论对不同环境的适应能力和分布的广泛性，禾本科绝有压倒性的优势，可以说凡是地球上有种子植物生长的地方都能找到禾本科的踪迹。木本竹类是一群怀揣着做大树的梦想的草，在与其他植物争夺阳光的压力下，竹子们低矮的草本祖先向着高大的方向进化。虽然改变了样貌，但它们却继承了禾本科的优良传统——强大的生存能力。

作为单子叶植物，竹子茎的结构与常见的树木不同，它无法长出粗壮的茎干，要支撑高大的身躯，就需要另辟蹊径。竹子茎的最外层是坚硬强韧的表皮，内壁填充着富含硅质的坚硬的石细胞。靠近表皮的部分密集地散生着一束束上下贯通的管状细胞——维管束，它们承担着两项任务：运输水分和营养物质，以及提高竹竿的机械强度。这些细胞的细胞壁有显著的木质化加厚，形成了一条条纵向排列的纤维。竹竿内部中空，大大减轻了自身的重量。这种结构使竹竿兼具强度和韧性，大风可以刮断树枝，却往往难以折断竹子。

在激烈的资源竞争中，光能立住是不行的，竹子还有众多的必杀技。第一招叫作孤竹成林，像很多禾本科成员一样，竹子是典型的克隆植物，很少进行有性生殖，却拥有强大的无性繁殖能力。很多竹子都有在地下横走的地下茎，被称作竹鞭。它可以从竹子的母体横生出去，竹鞭上的芽能够发育成竹笋，进而长成新的竹竿。竹鞭上能够长出不定根吸收土壤中的水和养分，同时地上部分的竹竿和叶光合作用产生的营养物质，也会被输送到竹鞭中支持它向外扩张。就这样鞭生笋，笋成竹，竹养鞭，周而复始，一棵竹子就能长成一片竹林。在遗传上，一个竹鞭系统中的所有竹子都可以看成是其中一棵的自我复制。这种强大的自我复制能力，让竹子在与其他植物的竞争中，常常是在团体作战，而不是单打独斗。只要有机会，竹子就会长成一片竹海，并占据整个地区，从中国西南到上海，都有成片的竹林，但是世界上种类最丰富的竹林，还是在云南的山谷中。

第二招，无招不破，唯快不破。竹子虽然

不会长粗只会长高，但它的生长速度让很多木本植物望尘莫及。竹笋在冬天发育，并在寒冷的季节经过一个休眠的阶段，这个时候的笋被称为冬笋。一到春暖花开的季节，一场雨过后，雨后春笋的戏码就上演了。早已被压缩在竹笋中的竹节，在此时迅速伸长，竹竿拔地而起，势如破竹。植物长高靠细胞的分裂，有一部分分裂最旺盛的细胞专门负责植物的长高，被称作分生组织。一般的树木只在顶端有分生组织，但竹子每一节都有分生组织，这让它们拥有了数倍的生长速度，毛竹在生长高峰期每天能长1～2米，这种速度甚至肉眼可见。凭借长得快，竹子可以迅速获得足够的高度，在对阳光的竞争中占尽先机。竹子可不仅仅只有地上部分长得快，地下的竹鞭也一样能快速延伸出去，占领地下空间，并以惊人的速度繁殖新竹。毛竹的竹鞭每年能够伸长4～5米，一公顷土地上的毛竹每年能新增两三千棵竹子。

第三招，走自己的路，让别人无路可走。成片的高大竹竿和茂密竹叶遮挡住了阳光，长得慢又不耐阴的植物就很难生长。快速的生长要消耗大量的土壤养分，竹鞭往往能够凭借灵活快速的生长，将竹笋安排在养分最充足的地段，这让附近其他植物的生存变得艰难。有些竹子的地下部分还有"化学武器"，它们分泌的一些物质，能够抑制周围植物的生长。竹子的叶子中含有大量的硅质，分解十分缓慢，竹林下层往往会积累厚厚的落叶层。这种落叶层的存在让其他植物的种子很难萌发。

第四招叫作能屈能伸。有些竹子在不利的环境下能够作出适合生存的调整。如果周围高大的植物遮挡了阳光，它们的叶片会变得更宽更薄，这能够将呼吸消耗降低，并维持较高的光合作用水平，保证有机物的净积累量。当某个单独的竹竿受到损伤，比如动物啃食时，整个克隆群体会停止向受损部分供应营养，进行最大限度的止损。

竹子多数时候都在无性繁殖，有时候也会进行有性生殖，这时候竹子会开花，然后根茎叶等营养器官就会枯死，靠种子生出新的竹子，

下图：飞速生长的竹笋。

下图：竹子的花。

这些新竹就不再是自我复制的产物，而是真正意义上的下一代。竹子开花是一种谜一样的现象，竹子轻易不开花，它们开花的时间也无法预测，但同一种竹子常常同时开花，成片地一同消失。关于到底什么样的情况才能触发竹子开花，有人认为竹子开花保持着自身的生物节律，因此同一种竹子才会同时开花，如有些竹子开花保持着相对稳定的周期：一些种在英国园林中的来自亚洲的竹子，开花的时间与它们在亚洲故乡的"亲人"们相对吻合。还有人认为是竹子生长对土壤养分的消耗巨大，当一片土地的养分被耗尽时，竹子就会开花，但开花结实的数量必须能够抵挡动物采食等的损耗，所以才会大片竹子同时开花。也有人说恶劣的环境条件是促使竹子开花度过困难时期的原因。至今还没有哪种理论能够很好地解释竹子的开花原因，不过从演化的角度说，竹子是需要有性生殖的，杂交后代能产生更多的变异，这是适应性进化的基础。

　　竹子对于中国人来说不仅仅是一类植物，还是一种文化载体，情感寄托，更是生活中不可缺少的天然材料。竹子青翠挺拔，姿容出众；四季常青，瘦骨傲霜雪；坚韧顽强，不惧狂风；竹有节，终生不渝。于是竹子成了文人士大夫的宠儿。有翠竹掩映，再平凡的居所也多了几分清雅的神韵，所以苏东坡言道"无肉使人瘦，无竹使人俗"。身在山野的高蹈之士，幽居竹林，远离官场和世俗喧嚣，成就一身孤傲，追求精神的超脱；身在官场的淡泊之士，也时常借竹以明心志。狷介之士以竹自励，持正守节，不屈不挠，铁骨铮铮，"千磨万击还坚劲，任尔

东西南北风"。中国人离不开竹子，并非仅因为无形的文化内涵，更重要的是竹子一身是宝，衣食住行、坐卧起居都少不了竹的身影。穿的竹衣、竹鞋、竹纤维，吃的竹笋、竹米、竹筒饭，喝的竹叶茶，住的竹楼，行的竹筏，睡的竹席，坐的竹凳、竹椅，书写的竹简、竹纸、竹笔，吹奏的笙管笛箫，更不用说千变万化的竹制容器，"真可谓一日不可无此君也"。

下图（上）：竹子质地柔软，比钢铁还要有张力，用竹子制成的器具坚韧耐用。图为西双版纳勐宋乡哈尼族村寨中使用的竹桌和竹凳。

下图（下）：竹笋丰美多汁，用竹笋做成的菜肴是人们餐桌上的山珍美味。

"筒子楼"租客

空心的竹子非常坚韧,对于那些能进入竹节里的生物来说,这里是最完美的住所。有一种蝙蝠,就把家安在了竹节里,它就是扁颅蝠。扁颅蝠是世界上最小的哺乳动物之一,跟黄蜂一般大小,通常只有 3 ~ 5 克重。它们栖息在亚洲的热带、亚热带地区,在中国的云南、贵州、广东、广西和四川能看到它们的身影。这种有趣的蝙蝠大概是动物界少有的住天然"筒子楼"的居民,它们住在空心的竹子节间形成的天然竹筒里。中科院动物所张树义课题组(也就是证实大足鼠耳蝠食鱼特性的课题组)张礼标博士的工作,让扁颅蝠的这种习性为大众所知。

扁颅蝠居于竹节中,它们进出竹节的门户,原本是一种甲虫的幼虫在竹子上啃食出的垂直的裂缝,被扁颅蝠们欣然"笑纳","整修"之后为自己所用。进出口非常狭窄,扁颅蝠的颅骨扁平,能够从狭长的缝隙中钻过。扁颅蝠就像个"租客",动不动就搬家,它们不断变换栖息的竹筒。我们还不知道它们为什么要这么做,或许是为了安全考虑的狡兔三窟;也或许是它们家徒四壁并没有什么可留恋的,换一换也无妨。

扁颅蝠有一雄多雌的群体结构,即一个扁颅蝠群体由一只成年雄性、多只成年雌性和它们未成年的后代构成,每个群体成年雌性的数量常在四只左右。除此之外,还有一些雄性蝙蝠结成只有雄性的群体,或者单独活动。家庭

上图:一种甲虫的幼虫在竹子上啃食出的垂直的裂缝,被扁颅蝠借用作为进出竹节的门户。

群体中的雌、雄后代成年后都会离开群体,寻找新的竹筒栖息。这是因为一方面,雌性扁颅蝠通常会一胎产下两个幼崽,一个比茶杯还小的竹节里,有时要容纳二十多只蝙蝠,当幼崽们成年后,原本的竹筒很可能会拥挤不堪,它们必须另觅新巢;另一方面,这也可能是出于避免近亲繁殖和扩散种群的需要。离群的雌、雄后代往往会有不同的选择,这大概是源于两性有不同的需求。雌性常常会选择在出生地附近的竹筒里定居,这样能够避免在长途迁徙中可能遇到的不可预知的风险,它们对附近的环境更熟悉,也更有利于它们日常的觅食和躲避天敌。雄性则不同,它们需要得到更多的交配机会,扩散自己的基因,因此尽管长途飞行有风险,它们也常常会迁徙到更远的地方。但扁颅蝠的体型小,飞行能力有限,加上跨越竹林的飞行要面对的风险太大,它们很少迁出同一片竹林,只会在不同的竹筒间扩散。在这种情况下,它们的有些习性可能对避免近亲繁殖起

到了作用，比如它们有亲缘识别的能力，不会近亲交配；家庭群体之间常常有成员的交换；独居和结成雄群的雄性也能在繁殖季节得到交配的机会。

大多数蝙蝠都在夜间活动，扁颅蝠也不例外。它们依靠回声定位而不是视觉猎食和活动，夜间活动更有利于隐蔽自己。扁颅蝠靠捕食飞行中的昆虫为生，在日落之后和日出之前的一段时间捕食，但通常时间都很短，这可能是因为扁颅蝠体型比较小，需要的食物比较少。不过其他一些长时间捕食的蝙蝠也会在中途停下来休息，所以这种短时间捕食的行为，也可能是扁颅蝠速战速决的策略。在不同的季节，扁颅蝠捕食的时间也不同，在孕期和哺乳期的蝙蝠捕食的时间最长，这可能是因为它们需要的能量更多。扁颅蝠夏季的捕食时间明显高于冬季，当冬季气温低到一定值时，它们外出飞行需要消耗更多的热量维持体温，但由于气温太低，活动的昆虫又很少，觅食就成了得不偿失的选择，于是它们会不再外出捕食，进入蛰伏状态，挤在狭窄的空间里互相取暖。

刚出生的幼崽依赖扁颅蝠母亲生活，扁颅

蝠母子之间通过声音和气味相互识别，它们交流的声音有不同于超声波的专用声音，频率更低，更有利于幼崽听清。虽然群体中所有的幼崽，都在一个竹筒里"嗷嗷待哺"，但雌性蝙蝠只哺育自己的幼崽。蝙蝠身上往往会有寄生虫，它们通过理毛来解决这个问题，断奶前的幼崽也会获得母亲的帮助。有趣的是，在扁颅蝠的世界里，成年雄性也看起来没有雌性"爱干净"，这些雄性身上的寄生虫常常比雌性多。也许是因为群居在一起的雌性稀释了彼此身上的寄生虫，而雄性需要花费更多的精力防御和守卫，没有那么多时间理毛。

夜幕之下，成年扁颅蝠外出觅食，幼崽们被留在竹节里。竹节里拥挤得像沙丁鱼罐头，大多数时间小蝙蝠们依靠翅膀上特殊的肉垫挂在竹节壁上，它们会利用剩余的空间来伸展翅膀，为将来的飞翔做准备。当觅食的扁颅蝠归来，它们常常在家门口结群，也许它们结成的群能够为尚未归来的同伴指引回家的路，也许只是因为入口太小，它们不得不排队一个一个进门。

下图：飞翔的扁颅蝠展开翼膜，薄而柔韧的翼膜将前肢、后肢和尾连接起来。

下图：扁颅蝠在夜间出巢觅食活动。

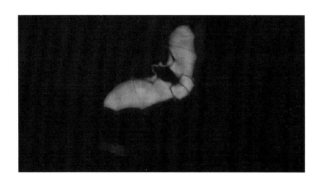

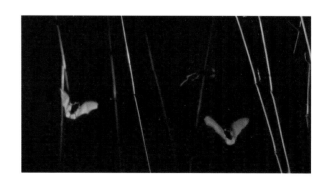

竹鼠

竹子能快速生长扩散的另一个原因，是它特别坚韧，所以没有几种动物会把它当食物。不过竹子也有天敌，比如竹鼠，一类以竹子为主要食物的啮齿动物。

竹鼠有着与大熊猫相似的食性，因此竹鼠常常与大熊猫相伴而生。早在大约一百万年前的更新世，竹鼠就是由大熊猫、剑齿象等动物组成的动物群里的一员。同样都是吃竹子，不同的是，熊猫们在地上光明正大地吃竹子，竹鼠是在地下"偷偷摸摸"地吃。竹鼠擅长打洞，在自己挖掘出的洞穴迷宫里过着不见天日的穴居生活，以未出土的竹笋和竹子的根茎为食，偶尔也吃草。它们的身体与穴居食竹的生活完美契合。竹鼠的体型比一般我们印象中的鼠都大，体型较小的种类体重两千克左右，体型较大的种类体重可以达到四千克左右。相对于硕大的体型，竹鼠的腿和尾巴都显得非常短，眼睛和耳朵也很小。长期的地下生活让竹鼠的视觉和听觉都退化了，但嗅觉却极其灵敏，它们能透过泥土，嗅到破土而出竹笋的气息。它们的一对门齿外露，长而坚硬，尖端还有锐利的切面。跟其他啮齿动物一样，这对门齿没有齿根，可以终生不停地生长，以应对常年的使用磨损。竹鼠门齿的切割效率和臼齿的咀嚼效率都相当高，它们能用门齿迅速咬断竹竿，而臼齿则用来压碎和研磨食物。

土壤潮湿、方便挖掘的山地竹林是竹鼠理

上图：适应穴居生活的竹鼠腿相对较短，眼睛很小，视觉和听觉都退化，但嗅觉非常敏锐。

想的生活环境，它们常常独自生活，坐拥一个庞大的地下"豪宅"。竹鼠的洞穴系统有明显的功能分区，包括洞口和土丘、取食道、窝、厕所、避难洞。竹鼠的洞穴通常有1～2个洞口，它们会把挖出的土堆在洞口上，形成一个土丘，以封闭洞口防御敌害，只在交配的季节打开洞口。如果洞口不慎暴露，它们也会及时再次用土丘填住。取食道是它们活动和取食的通道，这些道路相互连通，分支众多，一只竹鼠在一个地方住的时间越长，开辟的路线就越多。取食道与地面平行，深度与竹子主根的位置一致。竹鼠们能沿着竹鞭找到刚长出的竹子，它们可以不必出洞，直接在取食道里将竹根咬断，然后把竹竿咬成一截一截，运回窝里慢慢吃。偶尔它们也会从洞口出来取食，但咬下竹子后会迅速运回窝里，不在地面逗留。

取食道的尽头是竹鼠的窝，空间比取食道更大。竹鼠会在窝里垫上竹叶，休息和繁殖幼崽都在这里进行。竹鼠会在窝的一侧排泄，算是它们的厕所。竹鼠每隔一年左右就会更换新窝，一个取食道附近的竹子吃得差不多了，它

上图：竹鼠的一对门齿外露，长而坚硬，切割效率非常高。

们就会开辟新的取食道和新窝。尽管取食道都是连着的，但往返于旧窝和新取食道会增加不必要的奔波，建一个离新取食地近的新窝是一劳永逸的选择。竹鼠的洞系中会有一些不是平行于地面，而是向深处延伸的通道，这是它们躲避危险的避难洞。竹鼠久居洞穴，比较胆小，一旦洞穴中出现危险的气息，它们就会迅速撤入避难洞。这种避险原理大概类似于狡兔三窟。竹鼠对自己"豪宅"的地段也是有选择的：竹子密度太低的地方食物不足，而且取食道的长度会增加，竹子密度太高的地方障碍太多，不利于打洞的"施工"，所以它们通常会选择一片密度适中的竹林栖居，过着"狡鼠三窟"的日子。

从远古走来的"滚滚"

当然，竹子的声名远扬，与中国另一种独有的动物有关，这就是大熊猫。论知名度，大熊猫绝对是动物界的"扛把子"，连世界自然基金会的标志都使用了它的肖像。黑白相间的大熊猫憨态可掬的样子实在太深入人心，最近几年还得了个传神的诨名叫"滚滚"。滚滚们坐拥万千粉丝，一举一动都能引得不少关注。不过大熊猫一路从远古走来可不那么轻松愉快，它们的进化史也算得上跌宕起伏。

大熊猫是熊科动物，这么说来宝岛台湾对它的习惯称呼"猫熊"要更准确一些。在1500万～2500万年前，大熊猫的祖先从熊类共同的祖先中分化出来，走上了不同的进化道路。大约八百万年前的晚中新世，始熊猫出现，它们的体型很小，还不到现代大熊猫的一半大，它们生活在云南西北的沼泽中，还是真正的杂食动物。在稍晚的时期，法国和匈牙利还生活着熊猫的一个旁支，葛氏郊熊猫，它们的出现就像流星划过夜空，很快就灭绝了，没有留下生活到现代的后代。始熊猫生活的年代，是人类的古猿时期。在始熊猫出土的地层中，还出土了著名的禄丰古猿。

大约一百八十万年前的更新世早期，始熊猫退出了进化的历史舞台，小种大熊猫出现，它们生活在华中、华南一带，与现代大熊猫更加接近，体型比始熊猫有所增大，但也只有现代熊猫的一半大。它们仍然是杂食动物，但牙齿的

上图：大熊猫是熊科动物，与其他熊科动物相比，大熊猫的体态看起来更丰腴，头更浑圆，加上黑白分明的毛色，显得憨态可掬。

咀嚼和研磨功能都更加发展，竹子在它们食物中的比例更高。到距今60万～70万年前的更新世中期，小种大熊猫灭绝，取而代之的是巴氏大熊猫，它们已经与现代熊猫非常相似，只是体型比现代熊猫稍大些，被认为与现代大熊猫是同一个物种。小种大熊猫和巴氏大熊猫生活的第四纪，冰川运动中冰期与间冰期交替，气候经历了数次冷暖波动。冰期气候变冷，冰盖向南推进，喜温的动物向南退缩；间冰期气候变热，冰盖向北撤退，喜温动物向北扩展。巴氏大熊猫的分布在更新世中晚期的高温期达到了全盛，南至东南亚，北至华北地区。在北京猿人被发现的周口店第一化石点，也出土了巴氏大熊猫化石。而到最后一次冰期高峰时，巴氏大熊猫开始衰退，退到西南等地。到这次冰川结束时，曾与大熊猫相伴而生的剑齿象、剑齿虎、中国犀等很多哺乳动物都已灭绝。但大熊猫存活了下来，同样活下来的还有人类。

只不过，活下来两个物种走向了不同的未来。全新世之后，气候的变化和人类的扩张，使大熊猫栖息的森林不断缩减，大熊猫的分布区域持续缩小，且难以连成一个整体，逐渐破碎化。直到如今，仅剩不到两千只野生大熊猫分布在秦岭、岷山、相岭、邛崃、凉山这屈指可数的几个山系里。而与之相对的，是人类几乎遍布全球每一个角落的繁荣景象。我们常把大熊猫称作活化石，是因为大熊猫更新世的邻居们都早已灭绝，大熊猫却生活至今。但这个名字又不怎么准确，化石是不变的，而大熊猫一直在进化，一直在适应环境的变迁，经过数百万年的沧桑巨变，当然还有崛起的人类的排挤，最终成功活了下来，这也是大熊猫创造的进化奇迹。大熊猫在这几百万年的进化中，获得了一系列让它们能够靠竹子生活的技能，成了兽类中的吃竹"达兽"。

伪拇指就是其中之一，这个特征让研究人员能在野外非常容易地辨别出大熊猫的足迹——前肢六个指印，后肢只有五个爪印。或许您有这样一个疑问，为什么熊猫不是通过真正的拇指，而是通过腕骨变化来获得抓握能力呢？这个问题，无法直接回答，但是我们可以考虑一下生物进化的过程。生物繁衍过程中，一种生物的后代从亲代那里获得这个物种的遗传信息，但是这种信息传递不是简单复制，由于基因的突变和重组，后代总会表现出一些与亲代不同的特征，因为突变和重组是随机的，这些不同特征的出现也是随机的。生物生活在特定的环境中，这些随机获得的特征，有的能让生物在环境中更有优势，有的则相反。具有优势特征的个体存活的概率更高，留下后代的概率也更高，那么在下一代中，拥有这种优势特征的个体就会增多。如果环境在一段时间内相对稳定，那么随着优势特征个体一代代增多，这个物种的整体面貌就会发生变化，而环境在这里起到了选择作用。在生物中，有的特征的改变，需要经历一系列突变事件，而有的特征改变则只需要单个突变事件即可引起。自然界基因突变的频率是非常低的，加上突变是随机的，一个特征的获得牵涉的突变事件越少，这种特征就越有可能出现。对于熊猫的拇指来说，相比于能抓握的真拇指，伪拇指是更容易获得的特征。随着研究的深入，已经有研究发现了可能与大熊猫的伪拇指形成有关的基因。美国进化生物学家斯蒂芬·古尔德在他的科学小品文集《熊猫的拇指》一开篇，就探讨了熊猫的这根伪拇指，它是研究和理解生物进化的一个很好的材料。

　　大熊猫吃竹子是相当有一套的。在食物的选择上，它们是"挑剔"的美食家，它们总是优先选择那些能提供更多营养、易消化的食物。春秋季节，它们优先吃竹笋，4 月份低海拔的

上图：大熊猫的伪拇指。

后页：吃竹笋的大熊猫。（李明伟 摄）

竹笋冒出，它们就去找那些生长粗壮高大竹笋的地段大快朵颐，等到 6 月份低海拔的竹子逐渐木质化，高海拔的竹子又开始生笋，它们就追随着竹笋的脚步逐渐向上搜寻。如果周围的竹子都不在生笋期，它们就吃竹叶和竹竿。吃竹叶，它们也会选择那些营养最好的竹种，例如凉山山系的大熊猫更喜欢吃大叶筇竹的叶子，而很少选择刺竹。吃竹竿，听起来挺难的，但难不住大熊猫，它们有厚重的头骨和强大的咬合力，可以一口咬断竹竿，干净利落，而且它们很知道从哪里咬断竹子才能更容易地剥掉外面坚硬的竹皮。

　　对大熊猫来说，竹子开花确实会引起局部的食物短缺。不过可供大熊猫吃的竹子种类很多，每种竹子的开花周期并不一样，一种竹子开花，它们可以换个地方吃另一种竹子。在大熊猫还拥有连续的大面积栖息地时，如果栖息地中某个区域的食物匮乏，它们可以迁到另一个地方，这不是什么难事。但是现在，大熊猫

的栖息地已经被人类活动区域割裂成一座座"孤岛"，大熊猫难以在各个"岛屿"间迁移。如果一个"岛屿"中的某种竹子开花，尤其是在那些可供大熊猫食用的竹子种类比较少的栖息地中，就可能会给大熊猫带来食物危机。

春季大熊猫会迎来交配的季节，半年之后，新的熊猫宝宝出生，再过八九个月，熊猫宝宝逐渐断奶，学习吃竹子，而这时候，又恰逢春笋涌出的季节。

"大象"乾坤

在云南南部，海拔低的热带丛林中，有另一种野生动物自由自在地生活着，这就是野生亚洲象。

象这种动物以它标志性的长鼻子在动物界独树一帜，这个显著的特征也成为这一类动物的名字——长鼻目。长鼻类曾经繁盛一时，有一百八十多个种或亚种在地球上生活过，足迹

后页：恐象复原图。

下图：水塘中的亚洲象，水域对象的生活非常重要，除了饮水外，象还需要洗澡和泥浴，以防晒和防蚊虫叮咬。

遍布除大洋洲和南极洲外的所有大陆。但它们中的绝大多数都已灭绝，只有三种存活到了现在：真象科的亚洲象、非洲草原象和非洲森林象。

长鼻类的祖先大约在六千多万年前的古新世起源于非洲北部，之后的更新世，一批早期的长鼻类成员出现在北非，此时的长鼻类体型还很小，长鼻和长牙的特征还处在萌芽期。此后的演化开始向着体型更大、鼻子和门齿更长、臼齿更加适合咀嚼和研磨的方向发展。早期成员没过多久就消失了，新的成员开始向两个方向演化，恐象类和乳齿象类，后者是现存真象科的祖先。恐象这个旁支没有现存的后代，它们体型巨大，有长鼻，也有长长的牙，但与众不同的是，它们的长牙并非长在上颚，而是长在下颚并向地面的方向弯曲。恐象到底要怎么使用这副奇特的长牙也引发了众多的讨论。

到了两千多万年前的渐新世与中新世之交，长鼻类开始走出非洲，向亚欧大陆进军。长鼻类在中新世进入了最繁盛的时期，乳齿象类成为主要类群，发展出众多分支。嵌齿象类是其中最成功的类群之一，从中新世一直延续到更新世末，并在非洲、亚洲、欧洲和北美均有分布。后来繁盛一时的嵌齿象类走向衰落，新的主角，剑齿象类和真象类在晚中新世登上演化的舞台。真象类中著名的猛犸象，以及现存的亚洲象和非洲象也在此时出现。可能由于气候的变化，以及来自人类的排挤和猎杀等原因，到更新世末，所有古象类群都走到了演化的尽头，只剩下亚洲象和非洲象两个属，它们也成了现存体型最大的陆生动物。

上图：非洲森林象曾被认为是非洲草原象的亚种，但遗传研究证明，它们是一个独立的物种。非洲森林象生活在非洲中西部的热带雨林中，体型比非洲草原象和亚洲象都小。非洲森林象的象牙呈黄色，与非洲草原象相比，它们的象牙更明显地向下而非向前弯曲。较小的体型和向下的象牙，有利于非洲森林象在密林中灵活地活动，不被茂密的植物阻挡和牵绊。

亚洲象是比它的近亲非洲象更古老的类群，虽然长得很相似，但稍加留意就会发现它们有不太一样的气质。普通非洲象看起来更高大伟岸，气势逼人，亚洲象则多了几分呆萌。更准确地说，普通非洲象栖息于非洲的草原和稀树草原，体型更大，一双三角形的大耳朵竖起来甚是威严，头顶比较平，它们的背部中间向下塌陷。亚洲象居住在亚洲的森林中，体型较小，四角形的耳朵也比非洲象的小，它们的背部中间向上隆起，头顶呈两边高中间低的凹形，左右两边的凸起被称为"智慧瘤"。

历史上亚洲象在中国有非常广泛的分布，甲骨文中的"象"字，就是竖着描摹了一只象的形象，着重强调了它的长鼻子。文字记载的亚洲象分布最北到黄河流域，化石记录则到了北京西部的河北地区，这一带推测是距今五千年左右北亚热带的北缘，此后气候逐渐变得干冷，而历朝历代的开发使大片森林消失，加上

下图：非洲草原象（或称普通非洲象）栖息于非洲的草原和稀树草原，体型较亚洲象大，耳朵三角形，头顶比较平，背部中间向下凹。

上图：亚洲象居住在亚洲的森林中，体型较非洲象小，耳朵四角形，背部中间向上隆起，头顶呈两边高中间低的凹形，左右两边的凸起被称为"智慧瘤"。

后页：象是群居动物，通常以家庭为单位集群生活，群体中的小象能得到来自母象和其他雌象的照料。图为一个亚洲象群体。

朝贡、贸易等原因引发的大量猎杀，亚洲象的分布区不断向南退缩，大约到宋代，就退至西南一隅，而现在中国的亚洲象只在云南的有零星分布。

象是地球上最聪明的动物之一。象结群生活，它们复杂的群体生活可以与灵长类比肩。象群通常以家庭为单位，一个家庭群由一头成年雌象和它的后代们组成，包括所有的雌性后代和未成年的雄性后代。几个家庭群一起组成更大的家族群。成年雄象通常单独行动，或者几头雄象结成小群，它们只在发情期时进入雌象群寻找伴侣。象的幼年期很长，哺乳期可以长达4年，母象需要照顾小象10～15年时间。在象群中，小象们会得到无微不至的照料，不仅仅来自象妈妈，也来自象群中的"阿姨"们。雌象们会共同抚育群体中的小象，超长的养育期中间充满了变数，而这种合作的意义在于提

高后代的成活率，即使小象的生母因故死亡，它们也能够长大成年。群体中未生育的母象也会参与抚养小象，这为它们日后的生养积累了经验。

象群的日常生活多半都在觅食中度过，象的体型巨大，需要进食大量的食物，它们每天花费在觅食上的时间长达 16～18 个小时，一头成年亚洲象每天要吃进 120～300 千克的食物。植物的根、茎、叶、花、果实甚至树皮，它们都可以吃。象是典型的草食动物，但它们消化食物的能力逊色于反刍动物，食物的消化程度比较低。因此它们的粪便中会有很多没消化的成分，这些成分有时会成为小象和别的动物的食物。为了维持足够多的净能量摄入，这些"大块头"可谓费尽心机。它们总会走最便捷的觅食路径，在平地，尽量不走弯路，如果需要爬坡，就走坡缓的山脊。象的记忆力超群，能够记住每一个采食点和饮水点的位置。觅食时，往往由雌性的头象带领，排队穿梭在林中，它们因此在林中开辟出了很多"象道"，当然这些路线也一样会被它们记住。它们会往复于自己开辟的路线上，循环利用各个取食点的食物，这是一种非常高效的方式，既减少了觅食距离，又让植物有足够的时间恢复。

象会选择最优的食谱，象和植物之间似乎也因此形成了一种默契的合作关系。它们取食植物的果实，种子会随粪便排出，因此象往往会成为这些植物种子的传播者，这样它们就会促进这些植物繁殖更多的后代。加上这些种子往往会落在"象道"的沿途，因此象不仅拥有了更多自己喜欢吃的植物，而且这些食物往往分布在它们方便取食的位置。而这些植物似乎也进化出了相应的吸引象的"招数"，它们或者拥有只能被大象采食的大型果实，或者长出足够多的果实吸引大象取食，从而得到传播种子的回报。

象群取食时会有专门的象充当警卫，遇到危险时，整个象群就会进入戒备状态：成年象围成一圈，将小象包裹在内。逃跑也显得沉着有序，有的象负责带领逃跑路线，有的象负责断后，小象总会被夹在中间。象结群而居可以减少每个个体的警戒时间，用更多的时间进食。更重要的是，它们用高度有序的社会组织，保证了整个群体更大的生存概率。

用鼻子卷起一波食物塞进嘴中，这是它们最常用的进食方式。有时，它们会用鼻子折断树枝，用前脚踩住再用鼻子卷食，如果食物上有沙土，它们还会用前脚敲打掉沙土再进食。或者用前脚刨挖植物的根，然后用嘴啃食。象有一条非常灵活的鼻子，堪比灵长类动物的手。亚洲象鼻尖处的鼻突动作精准，能捡起硬币大小的花朵。它们也用鼻子喝水，用鼻子扶起陷入泥潭的小象，甚至用鼻子抚慰同伴。有时它们会用鼻子折取一根树枝，用前脚踩住，用鼻子除去不需要的部分，然后用鼻子卷起处理好的枝条抽打背部驱赶苍蝇。这在一定程度上已经是一种使用工具的行为。

有些动物被称作生态系统工程师，它们的存在会显著改变周围的环境，影响其他的物种。大象就是这样的动物，巨大的体型让它们拥有更强的改造森林的能力。它们走过的地方，会形成相对开阔的地带，犹如茂密森林中打开的一扇扇窗户，这些地块没有高大的植物遮挡，阳光洒在地面上，底层的喜光植物得到了生长的机会。这给林下的植物带来了变化，促进植被的更新，使森林焕发新的生机。

在云南，农田和橡胶林的开拓蚕食着森林，仅存的森林很难为这种大型动物提供足够的活动和觅食空间，亚洲象不得不频繁进入人类活动的区域。在中国亚洲象最大的一块栖息地——西双版纳的勐养保护区，思茅-小勐养高速公路从中穿过，横在了亚洲象的迁移路线上，那里的象群常常需要穿过公路，这无论对人、对象都是十分危险的。附近村民种植的水稻、玉米等农作物，相比森林中的植物，营养更丰富且都集中在一处。聪明的亚洲象当然知道这是绝佳的食物，它们甚至知道应该什么候来采食，每到农作物成熟的季节，总有亚洲象光顾农田。更何况亚洲象通常都是成群取食，这给村民造成了不小的损失，不得不想方设法

下图：象的长鼻中没有骨骼，分布着大量的肌肉，非常灵活，有吸水、进食、抓握、触摸、攻击等功能。

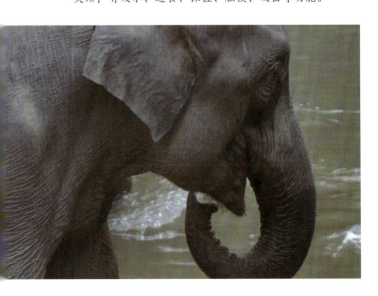

上图：象走过的地方，会形成相对开阔的地带，底层的喜光植物得到生长的机会，促进森林的更新。

驱赶采食农作物的亚洲象。然而，象拥有相当高的智力，村民的很多驱赶方式使用几次之后就难以再奏效。同时，当人类与亚洲象遭遇时，或者由于人类行为不当，或者由于人类不能及时躲避，或者也可能是出于亚洲象的报复行为，象攻击人类，致死致伤的事件也屡屡发生。一边是亚洲象的保护，另一边是象对人的经济和人身安全的威胁，如何解决人与象之间的冲突，已经在有亚洲象分布的各国中，成为一个普遍的难题。

中国曾经拥有世界上最大的象牙贸易市场，2018年1月1日起，中国全面禁止了象牙贸易，任何象牙制品的交易都是违法的，禁令的成效值得我们拭目以待，但这一步对野生象保护的意义是重大的。云南这片土地，是人类和亚洲象共同的家园，人要发展，亚洲象也需要生存空间，在两者之间找到一个平衡，找到调和矛盾的行之有效的方法，同样意义重大。

基诺族

　　云南那些地势起伏剧烈，气候湿润的区域中，往往有丰富的动植物资源，这样的自然环境并不是进行集约型农业生产的理想之地。居住在这些区域中的山地民族，往往保留了刀耕火种、狩猎采集的生活方式，基诺族就是其中之一。这个民族主要生活在西双版纳的基诺山中，基诺山被茂密的原始丛林覆盖，林中丰富的物产，是基诺人重要的生活资源。

　　基诺族对他们所处的森林了如指掌，他们能够充分利用在森林中找到的大多数植物：有的植物可以食用，比如竹笋，真菌类，百余种植物的叶、果实、种子，等等；有的植物可以药用，基诺族传统的药用植物有六七十种。很多采集狩猎民族世代积累起的对动植物和自然的认知，成了民族他们文化中的一部分。他们有自己的动植物分类知识，为每一种植物命名，熟悉它们的用途，知道每一种植物该什么时候采集，采集什么部位。通过在森林中的采集活动，基诺族人扮演了与大象相似的角色，他们也在开拓森林，带来空间、光线和植物的多样性。

　　基诺族人对森林的熟悉，不仅帮助他们在森林中找到植物类的食物，还能寻找到其他美味，如各种昆虫、蜘蛛、丛林蟹等动物性的食物。基诺族采集的动物性食物中也包括胡蜂，云南各民族对胡蜂的利用并不是个别现象，在很多地方都存在，他们有一种非常奇特的采集胡蜂

的方式。胡蜂是肉食动物，于是人们利用胡蜂捕食的天性，用肉或者昆虫作为诱饵，吸引胡蜂来采食。采食的胡蜂会用自己强大的颚从食

下图（上）：基诺族人的采集活动。

下图（中）：基诺族女子的民族服饰，她们通常上身穿无领杂色小褂，头戴及肩的尖顶帽。

下图（下）：基诺族男子的民族服饰，他们通常上身穿黑白花格的麻或布褂，上衣背面正中缝上一块方形布，上绣太阳花图案（一说是八卦图案）。

物上割下一块肉以便带回巢，当胡蜂专注于这项工作时，采蜂人趁机用头发或细线在胡蜂山上拴一片白色羽毛或纸片。胡蜂飞走后，身上的羽毛会减慢飞行的速度，同时也可以为采蜂人的追踪提供导航。采蜂人尾随着带羽毛的胡蜂，就能找到蜂巢。如果蜂巢在树上，采蜂人通常会点起火，用烟把胡蜂熏出巢。然后爬上树，把蜂巢采下。胡蜂的幼虫被认为是上等的美味，蜂巢同样也可以利用。

　　丛林中的动物，与居住在这里的人们，就是这样共同谱写这耐人寻味的故事。丛林中的很多少数民族，认为森林是神圣的，是赖以生存的家园，他们有赖于森林而存活，也逐渐形成了对森林资源的保护，例如基诺族在一部分区域里禁止砍伐和狩猎，耕种的土地轮歇，避免过度利用。在自给自足的传统生活中，人们对野生动植物的利用往往是细水长流的，人与自然之间的关系相对来说还是和谐共处的。令人担忧的是，在现代社会中，一方面，人口的增加加重了自然的负担；另一方面，自给自足的生活慢慢成了一种遥不可及的世外桃源般的存在。商业和资本总会侵入这些地区，使传统采集变得不再是少数当地人为了获得食物而进行的自我供给，这些仅存的林地，不得不面对外界庞大的市场需求。在传统的生活方式中，当地民族与森林共处了千百年时光，在今天的利用强度下，这些森林资源，还能坚持多久？现在有很多地方都被划定为自然保护区，这是保护自然生态的有效方法。与此同时，人们观念的改变，对自然保护产生的推动力是根本性的。如果公众能够去关注野生动植物的生态价

上图：一只蝗虫被作为诱饵吸引胡蜂来采食。

上图：采蜂人用细线在胡蜂身上拴上一片白色羽毛。

上图：等背着羽毛的胡蜂飞回蜂巢，采蜂人点起火，用烟把胡蜂熏出。

上图：采蜂人用一种绳、木组成的爬树工具上树，把蜂巢采下。

值，而不是在商业炒作的驱使下去索取甚至掠夺自然资源以满足自身的欲望和利益，那些野生动植物制品也就不会有市场需求，自然也就不会有过度和非法采集，但这种改变是个极其艰难的过程。

除了采集和狩猎野生植物，这些民族也会自发地栽培和家化野生植物。这些植物的种植，一方面减少了对野生植物的获取；另一方面，他们种植的富有地域特色的植物，也是一个珍贵的植物资源宝库，比如基诺人种植的基诺山特有的魔芋种类，比如傣族人种植的丰富而独特的水稻品种，比如他们种植的芭蕉。

展叶青罗扇，舒花茜纱红

顺着云南南部的山谷，怒江逐渐变得和缓，水温也变得暖和起来。傣族人依水而居，这富饶的河谷是傣族人的家乡。

傣族人家中都有一个小菜园，是按照森林多层次植被结构修建的。菜园中有多种植物，喜阳且较高的植物，为喜阴的植物遮蔽阳光，植物间彼此共生互利。

香蕉是菜园中常见的植物，在云南的森林里，大约有十几种野生香蕉品种。通常被称作野生香蕉的，是芭蕉属的各种野生植物，其中的两个成员——小果野蕉和野蕉，是人类栽培的香蕉类作物主要的亲本野生种。从这两种野生芭蕉衍生出来的栽培香蕉多种多样，尤其在热带地区，能够看到形形色色的香蕉：这些香

蕉形有长短胖瘦曲直；色有红黄绿棕；味有甜有酸，也可能不甜不酸；可能是水果，可能是主食，还可能是蔬菜。不过对于大多数读者来说，最熟悉的香蕉是香蕉家族中最著名的品种——卡文迪什蕉，这种香蕉是来源于小果野蕉的三倍体品种。小果野蕉是二倍体植物，它们的果实不到十厘米长，果肉生涩，无法生食，里面还有大量坚硬的种子。卡文迪什蕉完全是脱胎换骨般的华丽升级，果肉甜美柔软，而且由于是三倍体，它们无法产生可育的种子，吃起来可以不吐核，简直是完美的食用体验。由于不能进行有性生殖，它们只能靠无性繁殖来制造新的植株。这样也带来了一些隐患，这些

下图（上）：顺着云南南部的山谷，怒江逐渐变得和缓。

下图（下）：傣族人在平坦的山谷中依水而居，从事稻作。

基因相同的香蕉在面对病虫害时，往往也会表现出相同的抵抗力弱，病害可以轻易传染成片的香蕉。糟糕的是，抗药的病害也在增多，目前看来也许转基因技术是解决这一问题的一条良策。

芭蕉属的植物都是高大的草本植物，高的十多米，矮的也能长到一两米。它们高大的叶子着生在一根假茎上。之所以说是假茎，是因为它不是真正的茎，而是由叶鞘堆叠形成的。叶片基部向下延伸的部分是叶鞘，通常叶鞘都包围着茎的，但这里没有茎，只有一层包着一层的围成筒状的叶鞘。随着新叶的加入，叶鞘层层叠叠不断堆积，就形成了假茎。蕉叶刚伸出时如筒状卷起，随着生长慢慢张开成为长卵圆形。

芭蕉的花像一朵下垂的荷花花苞，也有少数不下垂的，比如颜值极高的红蕉。那些状如莲花瓣的，其实是被称作苞片的叶子。苞片打开后，里面露出的一排一排的乳白色小花，才是真正的花。这些花绝大多数是单性的，即一朵花中要么只有雌蕊，要么只有雄蕊。花序中接近顶端的是雄花，远离顶端的是雌花。这些花不是一起成熟的，而是由远及近，苞片一轮一轮打开，苞片内的花叶渐次成熟。芭蕉的花可以分泌花蜜，吸引昆虫或鸟类传粉。先开放的雌花，会先接受传粉动物带来的其他花的花粉，随后结出一茬一茬的果实。随着雌花的开放，果实也层层长出。等到雄花开放散出花粉时，同一科树上的雌花已经都授粉结束，传粉动物将载着这些花粉传递给其他树上的雌花。在这个过

下图：卡文迪什蕉，为了方便运输和储存，香蕉通常在还没完全成熟的时候就会被采摘。

程中，芭蕉通过雌花和雄花不同时成熟的办法，达到了异花传粉的目的，从而产生杂交后代，这也是植物界中广泛存在的一种策略。

在云南，能作为食材入馔的花很多，芭蕉花就在其列，凭借独特的清香和口感，深受傣族人喜爱。烹饪时，剥去芭蕉花变硬的苞片，只留幼嫩的部分，用水焯过切碎，再加食盐轻轻揉搓去除花的涩味，清水冲净后或清炒，或炒肉，或做汤，或油炸，都是地道的傣味菜肴。不仅花能做菜，芭蕉跟竹子一样，也浑身是宝。富含淀粉的干心可以做饲料、制淀粉、酿酒；茎纤维可做织物；芭蕉叶可以用来包裹食物，有些蕉叶表面被蜡质，可以用来提蜡；除此以

后页：红蕉。

下图（上）：芭蕉花。

下图（下）：芭蕉花会分泌花蜜，吸引各种丛林昆虫。

外，芭蕉还是一种重要的观赏植物。

作为一种庭院观赏植物，热带植物芭蕉并没有竹子那么广泛的分布。不过自晋代起，一次次北人南渡的潮流，让芭蕉进入了更多人的视野。蕉叶大而沃若，浓翠欲滴，随风舞动时摇曳生姿。一丛蕉叶配上小池、太湖石，最是江南园林中绝妙的搭配。如果再来一点雨，那就更美妙了：隔窗听雨，雨打芭蕉，或如蝇虫触纸，或如环佩打珰，或如更漏将残，或如落泉铿锵，轻重缓急之声皆在蕉叶之上。过雨看蕉叶，又是一番新绿。这些景致，在古代文人笔下，多半带着忧伤的调子。芭蕉尚未展开的新叶，像是有愁怨萦怀，于是诗人借芭蕉写愁——"芭蕉不展丁香结，同向春风各自愁。"卧听芭蕉夜雨，人不能寐，"一夜不眠孤客耳，主人窗外有芭蕉"，满是凄冷孤寂。然而芭蕉不管这些，得雨便能生长，长得欣欣向荣，代代相继，跨越千年，始终与人类一起合演着"芭蕉自喜人自愁"的剧情。

要实现这样的代代相继，无论是人类还是芭蕉，都肩负着传宗接代的任务。人类作为动物，异性个体可以自己凑到一起创造后代。但芭蕉作为植物，自己不会动，只能借助外力帮忙。自然界中的植物借助的外力多种多样：有的植物选择搭上风力、水力的顺风车，比如柳、金鱼藻，等等；有的则选择了吸引动物帮忙，芭蕉就是这样，芭蕉用香甜的花蜜吸引昆虫前来传粉。同样是借助昆虫的力量，下面这种植物用了与芭蕉完全不同的诱饵。

女妖心机

疣柄魔芋是天南星科魔芋属植物，跟天南星科的大部分植物一样，魔芋属主要分布在热带和亚热带，这个属是个大家族，在全球有两百多个种。疣柄魔芋是魔芋家族中分布比较广的一个种，在中国南部的低海拔热带地区，东南亚的越南、泰国等地都能见到这种神奇的植物。

天南星科的很多植物都有一个埋在地下的球状茎，比如我们吃的芋头。疣柄魔芋也有，球茎是它们储藏营养的器官。旱季时，它们的地上部分会枯萎，靠球茎中的营养度过一段类似冬眠的时光。等到雨季的降水到来，地上的叶子或花就会从这个球茎上长出来。为什么是"或"？因为每次只能长一种，要么长叶子，要么长花，花叶永不相见。叶子进行光合作用产生的有机物会继续储存到球茎中，等到球茎中积蓄了足够的营养时，它们才会开花。球茎上一个芽通常只伸出一片叶子，但这片叶子可以长到一米高，叶片像羽状裂开，像一把撑起的伞。伞柄的部分，也就是叶柄，疣柄魔芋的叶柄上有很多疣突，这也是它名字的由来。

魔芋属有些种的球茎可以食用，但全株有毒，所以必须处理之后才能吃。疣柄魔芋的球茎中含有比较多的淀粉，所以通常处理之后被用作饲料。有些魔芋比如花魔芋的球茎中，含有葡甘聚糖，这是一种有黏性的半纤维素多糖，这样的球茎可以做成魔芋冻、魔芋豆腐、魔芋

丝等食物。因为葡甘聚糖是一种不能被人体吸收的膳食纤维，能量低又有饱腹感，所以魔芋曾一度被作为一种减肥食品受到追捧。食用魔芋最多的国家是日本，由中国传入日本的魔芋，作为一种食物在日本被发扬光大。魔芋在日本被称为蒟蒻（jǔ ruò），花魔芋的学名，也来自蒟蒻一词的日语发音。

疣柄魔芋拥有典型的天南星科植物的花，只不过长的有些诡异。整个"花"大概有20～50厘米高，底部的深紫色大漏斗，是一片变态的叶子，叫作总苞。南方十分常见的观赏花卉叶子花，鲜艳的紫红色部分就是总苞。天南星科植物的总苞有独特的外形，有个专门的名字叫"佛焰苞"。大家熟悉的马蹄莲、红掌，主要的观赏部分都是佛焰苞。佛焰苞包着的这部分有点像个歪歪扭扭的蘑菇。蘑菇的柄是一根肉质的轴，叫作花序轴。上面密密麻麻排列着的，才是它真正的花，雌花在下，雄花在上。因为有佛焰苞的包被，小花们就不需要再保留花瓣了，它们的花瓣退化，只剩了雌蕊和雄蕊。因此也可以说，雌蕊在下，雄蕊在上，排列在花序轴上，这就组成了天南星科特有的肉穗花序。蘑菇上面紫色的伞，是花序轴上的"附属器"，魔芋属植物往往都有大型的附属器。

长相诡异的疣柄魔芋，被当地人称为"丛林女妖"，它的"花"从开到谢，大概一二十天的时间，但真正的盛开只有两天，这正是"女妖"施展魔法的时间。第一天的白天，佛焰苞渐渐展开，到傍晚时分，佛焰苞的基部开始产

后页：疣柄魔芋的叶。

生一种类似尸体腐败的臭味。夜间丛林的温度下降，但附属器的温度会升高，温差形成的微气流会使臭味涌出佛焰苞外，并传递出去。丛林中开始弥漫着恶臭，腐烂的气味扩散到四面八方。食腐的甲虫、苍蝇等昆虫追随着气息从远处赶来，希望能饱餐一顿。但它们上当了，尽管这坨植物从颜色到气味都很像腐败的尸体，但也只是像而已。不仅没有得到食物，甲虫们还被困在"花"中：佛焰苞内壁光滑的表面就像涂了一层蜡，让它们跌入"花"底部，这里没有空间供它们展开翅膀，光滑的表面也阻止了它们向上爬。此时，疣柄魔芋的雌蕊成熟，开始能够接受这些甲虫从别处带来的花粉。只几个小时，臭味就渐渐散去。黎明到来，疣柄魔芋花仍没有什么变化，一整天困着它的俘虏。

"女妖"并没有恶意，甲虫只是成了不知情的帮手。第二天夜晚来临，"女妖"再次活跃起来。金色的花粉从雄蕊中挤出飘落，洒在下面被困住的甲虫身上，甲虫成了这些花粉的"顺风车"。花粉已经完成装车，该放行了。佛焰苞的内壁，变得粗糙起来，成了甲虫脱离

下图：疣柄魔芋的花。

上图：叶子花鲜艳的紫红色部分是总苞，总苞包围的白色小花才是真正的花。

困境的阶梯，囚犯们终于被释放了。沾满花粉的甲虫们向着自由爬去，当其他的"丛林女妖"开放时，不可抗拒的味道还会吸引着这些刚出狱的甲虫们再次造访。那时，它们会把这棵魔芋的花粉播撒到其他魔芋的雌蕊上。就这样，疣柄魔芋像芭蕉一样，通过雌雄异熟完成了异花传粉。

短暂的盛开结束了，佛焰苞和附属器会很快枯萎。果实开始发育，花序轴变成了果序轴，并开始伸长，有时候能长到两米，把果序高高举起。疣柄魔芋的果子会按由高到低的次序渐渐成熟，由绿变黄再变红，形成一种魔幻的渐变色。疣柄魔芋生命历程，从清新自然的"绿伞少年"，妖冶诡异的"尸香女巫"，到绚丽多彩的"糖果系少女"，这种神奇的植物，就这样一轮又一轮地在丛林里上演它的"变身幻术"。

上图：这是通过热成像摄像机拍摄的画面，可以看到附属器的温度上升了大约10℃，明显高于魔芋其他部位和外界的温度。

上图：疣柄魔芋的花序，图中下部的是雌花（雌蕊），已经可以接受花粉，上部的是雄花（雄蕊），尚未成熟。

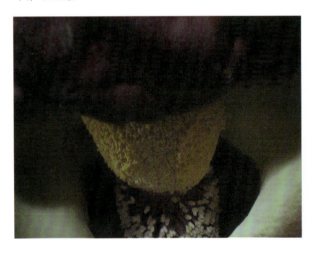

上图：疣柄魔芋散放尸臭的第二天夜间，雄蕊成熟，散放出金黄色的花粉。

上图：身上沾满花粉的甲虫。

上图：疣柄魔芋的果序，顶端是已经枯萎的附属器，果子会按由高到低的次序渐渐成熟，由绿变黄再变红。

清猿啼在最高枝

　　黎明来临，丛林中的动物们开始鸣叫，向它们的同类宣告自己的领地。在这些天籁之音中，有一个嘹亮悠远的声音特别突出，它来自于长臂猿。

　　自三峡七百里中，……每至晴初霜旦，林寒涧肃，常有高猿长啸，属引凄异，空谷传响，哀转久绝。故渔者歌曰："巴东三峡巫峡长，猿鸣三声泪沾裳。"

　　　　　　　　　——南朝宋·盛弘之《荆州记》

　　自古写长江三峡的诗文甚多，而两岸的猿啼基本已经成为写三峡必不可少的意象。盛弘之的这段文字，被北魏地理学家郦道元引入了《水经注》中记录长江地理风貌的《江水》中。这段文字道出了"猿啼"在古人心目中的情感寄寓，深秋清晨，萧瑟清冷，游子迁客，行旅之人，耳闻猿鸣声凄长不绝，漂泊天涯的失意，人生多艰的感慨更加涌上心头。历代诗人的咏诵，让"猿啼"这两个字几乎成了客愁悲伤的代名词。其实人的情感源于自己的经历和处境，却喜欢一厢情愿地拉上自然风物来配合自己的

右图：白颊长臂猿因雄性个体两颊的白色毛簇而得名。过去认为所有的白颊长臂猿都是一个物种，但后来的遗传学研究表明，生活在中国云南、越南北部和老挝北部的白颊长臂猿与生活在越南中部及老挝中部的白颊长臂猿，是两个不同的物种，并分别被命名为北白颊长臂猿和南白颊长臂猿。图为两只雄性北白颊长臂猿。（王志忠 摄）

上图：西黑冠长臂猿生活在亚热带湿润的常绿阔叶林中，这些与世隔绝、偏远陡峭、草木丛生的山地，少有人为干扰。图为无量山，1987 年这里刚设立保护区时，有西黑冠长臂猿两百只，现在其数量增加到五百多只。

情感气氛。猿啼本无悲喜，人心有悲喜而已。

　　猿啼当然不与人的悲伤有什么相干，但悲伤的是三峡已经听不到猿啼了。中国历史上，长臂猿在广东、广西、云南、海南、四川、湖南、浙江、安徽、陕西等地都有分布，长臂猿的种类也不止现存的 7 种。就在 2018 年 6 月，陕西省考古研究院和英国动物学会等机构组成的研究团队，在陕西西安的一座被认为属于秦始皇祖母的墓葬中，发现了一种新的长臂猿，并将其命名为君子属帝国种长臂猿，它是一个已经灭绝了的物种。北宋画家易元吉以画獐猿著称，他画的长臂猿生动逼真，但他笔下的长臂猿却明显不同于我们现在能看到的任何一种长臂猿，这可能意味着他所画的物种也已经灭绝了。

　　因为历史上森林的大面积消失和猎獗的盗猎活动，如今长臂猿蜷缩在云南、广西、海南的几个有限的栖息地中，古诗文中轻易就能听到猿啼的时代一去不复返了。中国现存 7 种长臂猿：冠长臂猿属的西黑冠长臂猿、东黑冠长臂猿、海南长臂猿、北白颊长臂猿及白眉长臂猿属的东白眉长臂猿、天行长臂猿和长臂猿属的白掌长臂猿。其中，北白颊长臂猿和白掌长臂猿已经基本绝迹；海南长臂猿数量十分稀少，仅剩二十多只；东白眉长臂猿只有一百多只；而西黑冠长臂猿算是处境最好的一种，是唯一个体数量达到四位数的，但也只有不到一千三百只。

　　西黑冠长臂猿分布在中国云南、老挝和越南，云南的哀牢山和无量山这两山中生活着大约一千只，占据了现存西黑冠长臂猿的绝大多数。在这种长臂猿的四个亚种中，景东亚种只分布在无量山中，无量山中的这群长臂猿，也是世界上最大的西黑冠长臂猿种群。中国科学院昆明动物研究所的科学家们在无量山长期的研究工作，积累了大量的第一手资料，也让我们对这种珍稀的灵长类动物有了更多的了解。

　　从长臂猿的名字就能知道，它们的手臂很长。我们人类的身高和臂展通常大致相等，而西黑冠长臂猿的臂展大约是身高的 1.5 倍多。它们的身高常不足 1 米，臂展却能达到 1.5 米。

后页：白眉长臂猿因雄性个体额部两道状如眉毛的白纹而得名。过去认为所有的白眉长臂猿都是一个物种，但后来的研究显示，分布在钦敦江以东和以西的白眉长臂猿应为两个不同的物种，即生活在钦敦江以东到怒江之间（中国云南、缅甸、印度）的东白眉长臂猿，和生活在钦敦江以西（印度、孟加拉国、缅甸）的西白眉长臂猿。图为一只雄性西白眉长臂猿。（王志忠 摄）

这种身材比例让它们很难在地上灵活地行走，可一旦到了树上，它们就如鱼得水。长臂猿的手比脚长，手指像钩子一样，可以牢牢抓住树枝或者藤蔓。它们拥有灵活的球状腕关节，这让手掌与手臂可以呈任意角度。这样的身体结构让长臂猿在林中畅行无阻，它们或交臂而行，或用脚蹬跃而起，或手抓藤蔓荡越，从一棵树"飞"到另一棵树，动作快似闪电，就像武林高手一般，行如一阵风。长臂猿主要在原始森林高大的树木上活动，很少下树，取食、社交、休息等各种活动都在树上进行。喝水也是在树上进行，树叶上的露水，或者叶片上、树洞里

左图：现存所有的长臂猿都生活在亚洲东南部的热带和亚热带雨林中，包括4属（冠长臂猿属、白眉长臂猿属、长臂猿属、合趾猿属）18种，其中绝大多数长臂猿都已濒危。无量山西黑冠长臂猿所在的冠长臂猿属，目前包括7个物种：分布在中国云南、老挝和越南的西黑冠长臂猿，分布在中国广西和越南北部的东黑冠长臂猿，仅分布在中国海南的海南长臂猿，北白颊长臂猿，南白颊长臂猿，分布在老挝、越南、柬埔寨的南黄颊长臂猿和北黄颊长臂猿。长臂猿的雌雄个体通常拥有截然不同的毛色，冠长臂猿属的成员也不例外：雌性个体金色或浅褐色，头顶有一块黑色的冠斑，这正是"冠长臂猿属"这个属名中"冠"字的来源，在不同的物种中，冠斑的大小和形状有不同，如东黑冠长臂猿的冠斑很大，能延伸到背部中央，而海南长臂猿的冠斑很小，甚至不明显；而雄性个体全身大部分地方黑色，有的几乎全身纯黑（东黑冠长臂猿、西黑冠长臂猿、海南长臂猿），有的在两颊有白色或黄色的毛簇（两种白颊长臂猿、两种黄颊长臂猿）。图为一只雌性西黑冠长臂猿。

的积水，都可以为它们补充水分。旱季缺水的时候，它们会下树喝水，但一般是脚不沾地，挂在树上使出一招"猴子捞月"取水。西黑冠长臂猿生活在亚热带湿润的常绿阔叶林中，原始丛林中的植物既可以为它们提供庇护，远离捕食者的袭击，又可以为它们提供充足的食物。

西黑冠长臂猿主要靠植物为食，偶尔也吃小型动物。它们最喜欢的食物是植物果实，其次是嫩叶、芽和花，这些食物会在一年中不同的时候出现，因此它们也会根据季节的更替变换食谱。原始森林中植物资源丰富，西黑冠长臂猿采食的植物多达七八十种。它们的觅食很有策略，一般找一个食物丰富的地方，在那里一连饱餐几天，然后再换另一个地方。但这样就出现了一个问题，食物丰富的地盘，自然大家都爱，一群长臂猿找到了一块取食地，别的长臂猿也要来取食，怎么办呢？长臂猿会定期向周围发出声明，宣示自己对领地的占有——

下图：清晨，无量山中的一只雄性西黑冠长臂猿在枝头发出宣示领地的鸣叫。

上图（上）：一只抚养幼崽的雌性西黑冠长臂猿，它身后是一只年轻的雄性长臂猿。西黑冠长臂猿的成年雄性全身黑色，成年雌性则是褐色，只在头顶部分有一块黑色，这就是它们名字中"黑冠"的含义。

上图（下）：刚出生不久的西黑冠长臂猿幼崽。

靠它们那著名的叫声。

如果听众自己不是心怀悲戚的话，长臂猿的叫声听起来还是相当悠扬悦耳的。长臂猿的歌声并不只是独唱，还有家庭合唱。这种合唱在日出之后的一段时间上演，是它们早餐前的重要活动。演唱程序通常是成年雄性先唱"长调"，然后成年雌性以"短调"相和，子女也不时加入，以家庭成员大合唱结束表演。长臂猿的叫声可能有多重功能：通过鸣叫，宣示本群体对领地和食物资源的占有，排斥其他群体进入；防止其他雄性前来争夺雌性；强化成年雌雄个体间的配对关系；加强家庭成员间的凝聚。未成年的雄性也会借此机会练习独唱，为以后的"一家之主"生涯做准备。单身的成年雄性也会通过鸣叫寻找伴侣。长臂猿为什么会产生这种鸣叫行为？通常的推测是，这与它们的生活环境有关，茂密的植物遮挡了视线，但声音的传播不受限制。雄性西黑冠长臂猿通常会在视野开阔的位置鸣叫，声音可以传到几公里远的地方。研究发现，在同一个地区生活的西黑冠长臂猿，群体间叫声的差别很大，甚至比生活在不同地区的群体间差别还大。所以，长臂猿"邻居"们可能是有意识地区别各自的叫声，以达到分割领地和资源的目的。

西黑冠长臂猿白天活动，晚上睡觉。通常它们会选择树比较密能够避风的地方，在高大树木的高枝上睡觉。这种地方的树枝虽然看起来似乎不足够粗壮，但这有利于它们躲避敌害。如果有捕食者接近，树枝一摇动，它们就会惊醒，迅速逃脱。因此它们在物色睡觉地点时，可能还会选择有绝佳逃脱路线的位置。它们睡觉的地方通常选在取食地附近，这样就能免去昼夜间来回移动消耗不必要的热量。寒冷的季节，家庭成员们还会挤在一起休息，互相取暖。

大多数的长臂猿，都是一夫一妻制的，一个小群体由一对长臂猿夫妻和它们未成年的小猿组成。有些长臂猿中，只有临时的一雄多雌的群体短暂存在。而无量山的长臂猿则不同，

这里的长臂猿种群，有长期稳定的一夫多妻的群体，由一只成年雄性、两只成年雌性和未成年小猿组成，通常这样的一个小群体都有超过6只的成员。这种群体组成，目前只在三种长臂猿中有发现，无量山的西黑冠长臂猿是其中之一。我们目前并不知道为什么这些长臂猿形成了这种与众不同的家庭组成，一种推测是，这是长臂猿为了有更多的机会延续下去而产生的适应性对策。

像很多长臂猿一样，西黑冠长臂猿夫妻一眼可辨，它们的成年雌、雄个体都有不同的毛色，成年雄性全身黑色，成年雌性则是褐色，只在头顶部分有一块黑色，就像是戴了一顶"黑冠"。刚出生的西黑冠长臂猿是褐色，长到大约到一岁时，变成黑色，雄性毛色不再变化，而雌性到性成熟时，又变为褐色。幼崽刚出生时对母长臂猿非常依赖，小猿差不多在毛色变黑之前，一直在母长臂猿怀里生活。随着长大，小猿对其的依赖渐渐减少，到大约两岁半时就可以独立了。成年之后的雌雄后代都会离开出生的群体，去建立自己的家庭群。

小群体保持着一夫二妻的"编制"，当有外来的单身雌性进入群体的领地，雄性并不会表示反对，但两只雌性"主妇"则会联手驱赶外来雌性。因为外来雌性的加入，意味着"主妇"自己的后代得到的资源将会减少。两位"主妇"的地位似乎并没有高下之分，不过如果其中的一位是刚加入的成员，情况则会有一些不同。梳理毛发是西黑冠长臂猿间增进感情的重要途径，新来的成年雌性会有更多的主动梳毛行为，主要的对象是另一位成年雌性。如果两

位"主妇"都带着自己的幼崽，那成年雄性通常会离新来的那位和它的幼崽更远。这可能是因为，相比于"原配"的幼崽，这个幼崽很难确定是不是它自己的后代，这种冷落使这个幼崽拥有更少的保护，面临更大的风险；西黑冠长臂猿中并没有发现"杀婴"的行为，这种冷落可能是一种有利于种群延续的替代行为。然而，就算是"原配"的后代也不一定就是自己的。因为成年雌性与外群体的雄性交配的情况也存在，这可能是一种增加后代遗传多样性的方式。

长臂猿是非常适应原始森林生活的动物，反过来说，也只有栖息地的原始森林保存完好，它们才能好好活着。当清晨的阳光洒向树梢，无量山的长臂猿们从睡梦中醒来，嘹亮的歌声又回荡在山间，久响不绝……

"黑色黄金"与"绿色沙漠"

曾经，有一种全新的人造森林，在云南被大面积推广，这些树是现代经济发展中最有价值的树种。这种树原本生活在南美洲的热带雨林中，它长长的叶柄上，长着像手掌一样排列的三片椭圆形的叶子。很久以前，居住在南美的印第安人注意到，当这些树的树皮受到损伤

右图：橡胶树，橡胶树是大戟科植物，这个科的植物很多都有乳汁，橡胶树即是其中之一，橡胶树的乳汁是遭到侵害时的一种自我保护方式。橡胶树的叶子是掌状三出复叶，即像图中这样，三片一组像手掌一样排列在叶总柄顶端，因此橡胶树也被称作三叶橡胶。

时，会流出白色的苦涩黏稠的汁液，印第安人因此称它们"哭泣的树"。他们发现，这些白色的汁液自然凝固后变得极富弹性而且不渗水。您肯定已经猜到，这种树木就是橡胶树。

印第安人把天然凝固的橡胶稍加处理，做成了实心弹力球。这催生了玛雅文化中一种独特的运动——玛雅球赛。玛雅人玩弹力球的方式多种多样，其中一种玩法类似现代的篮球，一方将球运到对方场地，球入对方的空洞即可得分。橡胶在印第安人的生活中不仅仅是一颗弹力球，他们还使用橡胶做成类似弹弓的工具（或者说武器）；将胶液浸入容器使其不透水，将胶液涂在衣物上做成雨衣；或将胶液直接涂在脚上做成简陋的雨靴。此时，哥伦布还没有踏足过南美。

1492 年，哥伦布发现了美洲大陆，开启了旧大陆与新大陆的往来，印第安人和橡胶的故事也进入了欧洲人的视野。不过此时的欧洲人还不知道这种东西能作何用处，仅仅以一种猎奇的心态注视着这种新奇的玩意儿，毕竟在欧洲，还没有什么东西能像橡胶一样弹跳。直到18 世纪下半叶，蒸汽机的发明推动了工业革命，橡胶开始崭露头角，被大量用于制造蒸汽机和其他机器上的密封垫圈。1839 年，古德伊尔发明了橡胶的硫化工艺，使橡胶的品质大为改进。后来美国固特异轮胎橡胶公司便是以古德伊尔的名字命名。品质的改善让橡胶的用途更加广泛，需求量大增，南美的橡胶已经无法满足巨大的市场需求。19 世纪下半叶，欧洲人开始尝试用从南美收集来的橡胶树种子进行人工种植，并获得了成功。由于橡胶树喜热不耐寒，

欧洲在南亚、东南亚地区的殖民地便成了理想的橡胶园基地。这些地区的橡胶产业迅速崛起，代替南美成了最主要的橡胶产区。19 世纪末，时任新加坡植物园主任的英国人里德利发明了连续割胶法，即在树干上切一个半环树干的浅口，不伤及形成层，伤口恢复快，可以密集频繁地割胶但不对橡胶树造成严重的伤害。这不仅大大提高了橡胶产量，而且使橡胶树的利用周期从几年跃升到了几十年。1888 年，英国人

下图：橡胶树流出的白色汁液被日积月累地收集起来，这些树汁经过加工后，就成了橡胶，它是一个国家工业发展中最重要的原材料之一。

上图：橡胶林中往往有高强度的人为干扰，物种和植被结构都非常单一，地表裸露，生态功能远不能与天然林相比。

上图：原本的森林被清除，取而代之的是整整齐齐的橡胶林。

邓禄普发明了充气轮胎，邓禄普公司由此诞生。进入 20 世纪，汽车行业的高速发展推动了橡胶需求量的又一次攀升。在第二次技术革命的潮流中，天然橡胶的应用遍布各行各业。橡胶从此跻身四大工业原料之一，成为重要的战略物资，被称作"黑色黄金"。

中国的橡胶种植始于 1904 年，民国时期，云南、海南、台湾都有橡胶种植，还有南洋华侨开设的橡胶园，产品销往南洋。由于种种原因，这个时期的橡胶种植一直规模不大。20 世纪 50 年代初，中国遭遇国际上的橡胶禁运，在积极寻求以外交手段打破禁运的同时，也开始了在云南和海南的大规模农垦，如今中国九成以上的天然橡胶都出自这两个省。

云南省南部的热带地区，很适合橡胶树的生长。这里的农垦开始于 1951 年，半个世纪之后，云南拥有了四十多万公顷的橡胶林。在云南橡胶的主要种植区西双版纳，橡胶林已经成为一种标志性的风景。一眼望去，一排排橡胶树整整齐齐地立在山坡上，从空中俯瞰，想

必也是一片绿色。然而绿色的不一定就是森林，还有可能是荒漠。那些天然形成的原始森林，从地面到高大的树冠顶层，镶嵌着不同层次的植物：高矮不一的乔木、灌木，在高低间跨越的藤本植物，还有长在地面的草本植物。这些植物高低错落，遮挡住一部分阳光，使林中不会过度照射；从林窗中透过的阳光照射到林下，使喜光的植物也能够生长。多层植物的覆盖，使得地表温度趋于温和，而不是变化剧烈。形态各异、种类繁多的植物，为各种不同的动物提供了合适的生活环境和丰富的食物。植被复杂的多次层次结构，像多孔的海绵，能够有效截留住降水和雾中的水分，增加土壤的蓄水能力。在多雨的季节，大量的水分被吸收进植被中，在少雨的季节，储存的水分又被释放出来。所以地面保持着潮湿的环境，为土壤中的无脊椎动物提供了适合的生存条件，土壤动物的丰富又使地面上的落叶和动物尸体等能够很快被分解，产生植物生长需要的营养，实现生态系统中的营养循环。层层叠叠的植物，能很好地

缓冲降雨，减少雨水和地表径流对地面的冲刷，减少土壤流失。但人工种植的橡胶林就是另一副面貌：物种和植被结构都非常单一，而且种植非常密集，遮挡了大部分阳光，林下很少有植物生存，再加上频繁的人为干扰，这里无法为多数动物提供合适的栖息环境。胶液中七成都是水分，橡胶树从地下吸收的水分不断随着胶液的收割流失，这些橡胶树就像是一个个水泵，不仅蓄水能力差，而且快速消耗着原本的地下水储备。同时，地面层植被的缺失，也使得土壤更容易被冲刷，引起水土流失。因为生态功能上的巨大差距，像橡胶林、桉树林这样的人工林常被称为"绿色沙漠"。而这些人工种植的"绿色沙漠"正在不断蚕食原有的天然林。西双版纳在云南农垦之初拥有 105 万公顷原始森林，到了 20 世纪 90 年代，这个数字变成了 30 万。这些土地原本曾是生机勃勃的原始森林，为了种植橡胶，森林被砍伐并烧成一片白地，种上橡胶之后，要再次清除留在土壤中的残留繁殖体长出来的其他植物。这些逝去的森林，也带走了它们曾经庇护的动植物，云南的生物多样性，在逐渐丧失。

清晨，是最佳的割胶时间，那些堪称液体黄金的白色胶液，沿着胶舌缓缓滴下。橡胶为国家的发展做出了贡献，也给这片土地带来了财富。但云南这片土地，还孕育了另一种财富——中国最富饶的自然宝藏。这里曾是一个野生亚洲象能自由生存的地方，一个约瑟夫·洛克为寻找珍稀植物而冒险的地方，一个能引导北方季风深入，呵护万物生灵的地方。然而随着社会的发展，云南的自然生态面临的压力正在逐渐增加。现代化基础设施的大规模建设，工业和旅游的高速增长，这些都要求不断地开辟新的道路，吞噬日渐缩小的森林。如今，人们已经意识到，享受良好的生态环境，是人类福祉不可或缺的内容；人与自然的协调，也是发展的一部分。在这片彩云之下，人们正在不懈努力，构建一个动物植物以及人类之间微妙而又独特的和谐世界。